Z. 2296.

Rés. Z 1991

I MONDI
DEL DONI,
LIBRO PRIMO.

IN VINEGIA
PER FRANCESCO MARCOLINI,
CON PRIVILEGIO MDLII.

ALLO ILLVSTRISSIMO SIGNORE IL S.
RVBERTO STROZZI, GENEROSISS. SPLENDIDISSIMO, ET REALE.

IL VELOCE ACADEMICO PEREGRINO, HVMILMENTE FA RIVERENZA, ET SALVTA.

VOI Illuſtriſſ. et virtuoſiſſimo Signore, viene inanzi (di ſette che ne ſon fatti) il primo Libro ſtampato de i Mondi: vſcito dell'ACADEMIA Peregrina, la quale s'ha eletto per Principe, et per defenſore di quella, il voſtro Mirabiliſſimo Fratello; ſtupore dell'Età noſtra, & degno d'ogni eterno honore; Il S. PIETRO Illuſtriſſimo, & Eccellentiſſimo; Si come è ſtato ſempre coſtume di tutte l'Academie, d'hauere vn fondamento, & un capo, che ſoſtenga & gouerni tutte le membra. & in queſto i nobiliſſimi Academici hanno moſtrato di conoſcere la Virtù perfettamente, eſſendoſi dedicati a tanto mirabile, & tanto virtuoſiſſimo Signore, quanto è il S. Pietro, le lodi del quale, le prodezze, & le virtù, ſi riſerberanno alla conſacratione del Libro delle Hiſtorie che trattano della guerra; Chiamato TEATRO DE VALOROSI CAPITANI D'ITALIA; Opera compoſta da tutti i virtuoſi che ſono nell'Academia, la qual'opera toſto andrà in luce. Queſto primo Parto adunque viene intitolato alla Nobiltà della perſona vo=

ſtra Illuſtriſſima; Il ſecondo andrà al Reuerendiſſimo Monſignore; il Signor Lorenzo; il Terzo volume al Gran Priore; il Quarto alla IMMORTAL Fama del immortaliſſimo Signore Padre della Patria Padre voſtro; ſi come ſono in queſto primo libro dedicati i Mondi ordinatamente.

Erano d'opinione tutti i Signor Peregrini, che s'entraſſe ne i meriti, nelle virtù, nella grandezza, et ne i fatti immortali della caſa de gli Strozzi, moſtrando primamente come il ſangue è illuſtre, et come il merito di quella eccede ogni grandezza del noſtro ſecolo; voleuano che le loro ſtampe publicaſſero quanto ſia ſtata grande la liberalità di tutti in ſouenire i nobili, et i virtuoſi, et l'infinita carità vſata ſempre in verſo i poueri. Furon di parere anchora molti altri che ſi moſtraſſe al mondo, il valore de voſtri antichi, la ſapienza, la prudenza, l'amor della Patria, et la ſincerità dell'animo; et venire particolarmente alla perſona voſtra Illuſtriſſima, la quale riſerba in ſe vna nobiltà di cuore, vno ſplendor di coſtume, & vna pienezza di ottimi effetti; Onde chi vi pratica conoſce la realità del voſtro procedere, chi vi vede; ſi fa chiaro quanto voi poſſedete la bontà, et chi v'ode fauellare reſta ſodisfatto et contento.

Ma ci ſono ſtati alcuni altri nell'Academia noſtra, che hanno detto, che meglio è tacere, concioſia che le noſtre ſon parole baſſe, a paragone de voſtri fatti honorati & altiſſimi, et che egli ſarebbe come voler' moſtrare Che'l Sole ſia chiaro, & che'l Mare ſia profondo; eſſendo noto a ciaſcuno le valoroſe opere di tanti, & tanti famoſi huomini della caſa de gli Strozzi, & che i portamenti voſtri ottimi, sono sì Illustri, et sì splendenti che distendano i raggi della luce loro per tutta l'Italia & per tutto il mondo. & che non possono i nostri scritti aggiungere al principio de vostri meriti. Io mi sono vnito con questa vltima opinione, sapendo certo che in eloquenza la casa de gli Strozzi ha hauuto rari huomini cosi liberali come cortesi: in Arme tanto mirabili, quanto valorosi, & in bontà senza paragone, & senza menda. La fama adunque che depende imediate dal merito vostro; et non da i nostri scritti, sarà quella che sculpirà ne i secoli l'Eternità del vostro nome. Altro adunque non farà la presente opera dedicata al vostro merito che farui riuerenza, & pregarui, che accettiate l'amore del cuore, & la prontezza dell'animo, con questo picciol presente; & il Doni humil seruo di V. S. Illustrissima Autor di quella, infinitamente vi si raccomanda.

IL BIZZARRO
ACADEMICO PEREGRINO.
A GLI OMBROSI,

I quali non trouando le cose così ben bene apuntate, lieuano il naso, & a certi, che voglion parer Dotti, quando la STAMPA pone taluolta vna cosa per v'n'altra, che sono per trarsi via; Salute & patienza.

SCVSA.

BISOGNEREBBE; che bisognerebbe: prouateui & poi cicalate; a fare vn libro ciascun di voi saccenti, & dotti in libris che tenete noi altri per ferroliche; metteteuici, dico a comporre vn opera come questa, senza hauer pur pensato che materia, non che studiato, cio che dobbiate dire, & farla in venti giorni, scriuerla trascriuerla, correggerla limarlu, contrapesarla, et squadrarla apunto. Se voi arriuate al mezzo del camino di nostra vita, ditemi dotto; che è vna delle maggior villanie che voi mi posiate dire. se adunque (come son certo che non lo fareste) non ui basta l'animo di menar le mani come la Vacchuccia che filaua vna libra di lino in vna gugliata: tenete la lingua fra denti, & non ci date per vna lettera scorsa tante fiancate. O voi sapete, o nò; raccóciate leggete bene, s'intendete; se non sapete d'eser viui, o far tanto quanto biasima te, fate che le mani vi stieno a cintola Ser huomini, & non vi mettete in dozzina, come le stringhe rotte che non ci váno. O io ci trouo dentro mille falli; se mi deßi forse nelle mani altretanto vostro scartabello; che io ve ne trouerei cinquanta mila. O tu hai detto che in quaranta di (a car. 5 5) che l'Anima s'infonde della femina in corpo; & dopo i cinquanta il maschio. se

in ottanta la viene a esserui infusa non è egli dopo i cin=
quanta? anchora(a carte 115)dicesti il cuore è centro del
corpo; in centro dell'anima; che debbe dire, io centro dell'a
nima; & poco disotto, il centro è punto indiuisibile; niente
dimeno tutte le lettere da quello alla circonferenza mosse:
& in cambio di lettere, a dir linee ; poi si legge volgendo
la carta; posto il sogno suo, & ha a dire segno. Emanente
dalla mia luce; per emanante, & altri infiniti che io lascio
per non fare vna lunga tauola d'errori, in cambio d'una
breue scusa. Non ui dico io che se voi sapeste farne altre
tanto che rassettereste non solo gli errori della Stāpa(doue
accade mill'accidenti irreparabili)ma correggereste ancho=
ra l'autore dell'opera; ma voi siate certe genti che non fate
mai nulla, & sempre state sul tassare et sopra il biasimare ;
ciascuno che compone, non a vostra requisitione compone,
ma a sua sodisfattione, fate l'opere da voi, per voi; & fa=
teuele a vostro modo, ch'a noi le ci piacciono in questa
forma. siamo per sorte obligati a sodisfare a vostri humori
i quali son forse piu pieni d'ignorāza che uoi nō ui pēsate?
Ma se per mala sorte uoi u'abbatete a far'un huouo in cen
to anni, voi fate vno stiamazzo per cēto galline , et il piu
delle volte, e son di quei vani che non hāno hauuto il gallo.
La cosa è qui, questo è il primo libro, e ce ne resta ancho=
ra sei da stampare, anzi da fare, et gli faremo et stampere=
mo, i quali ho speranza che saranno et piu begli, et piu cor
retti. et finiremo di dire cio che s'è principiato, et a chi non
piace questo; piaceranno forse gli altri. et se non andranno
loro per fantasia, c'è vn rimedio lasciargli stare, non gli cō=
prare , et non gli leggere, a Dio .

GLI ACADEMICI PEREGRINI,
NELL'ACADEMIA LORO
PER ETERNA MEMORIA
DEL ORNAMENTO DI QVELLA
HANNO SCVLPITO IN MARMO,
QVESTE PAROLE.

PIETRO STROZZI,
ILLVSTRISS. ET ECCELLENTISS.
PROTETTOR DELLA VIRTV
AMATORE, ET DIFENSORE
DE VIRTVOSI, S'HONORA.

L'ACADEMIA
PEREGRINA

E I MONDI SOPRA LE MEDAGLIE
DEL DONI.

ALLO ILLVSTRISS. ET ECCELL. S.
PIETRO STROZZI DEDICATA.

IN VINEGIA NELL'ACADEMIA P.
M D L I I.

Labor non laboriosus
nel
Labor suavis.

DISCORSO

DELLO ELEVATO ACADEMICO
PEREGRINO
IN NOME DI TVTTA L'ACADEMIA

A I LETTORI.

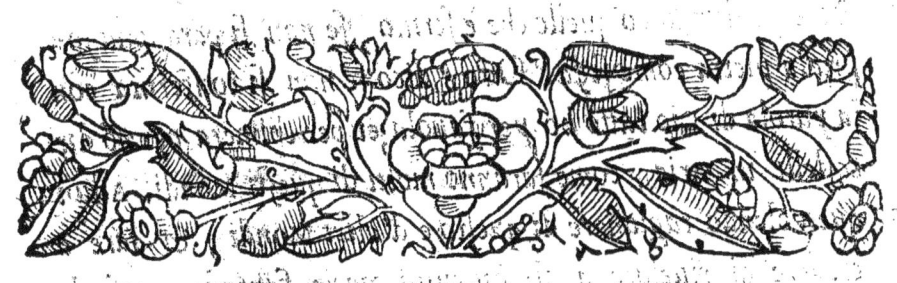

A MOLTI è parso che i gran secreti, & altri misteri sieno stati sempre velati, sotto ombre, parabole, e figure, et per simil mezi, dimostrati a gl'huomini. Leggesi similméte stupéde cose, vscite da i sogni; i quali secondo .S. Agostino hanno cinque rami; sonno, sogno, visione, estasi, et fantasma. Vedesi vltimamente che l'huomo è salito alle celesti sfere con eleuar la mente alle cose del Diuino Amore, lasciando questi terreni pensieri, et trasformatosi tutto nella miglior parte. Sopra queste desiderate, e dolci fantasie, di sapere quello che sta in noi; sotto & sopra; anzi piu d'esser capaci di quello che è fuori del nostro intendere; molti Huomini si sono posti imaginandosi con l'intelletto, & lambicandosi il ceruello come hora fanno i nostri Academici; a scriuer non solamente di questo, ma di diuersi Mondi (non già

DISCORSO

come posero Democrito, & l'Epicuro) cosi i sagaci secreti della Natura, come gli ascosti misteri del Cielo & di Dio, il quale è incomprensibile, & le sue vie sono inuestigabili. Onde quest'huomo Mondo piccolo, s'è acostato al Mondo grande, quale è questa macchina che si vede; et cercato d'unirsi con il Mondo Massimo, IDDIO omnipotente; per piu strade, le quali, hanno hauuto varie riuscite.

Niente di manco quello che è scritto, se non si paragona sopra la pietra come si fa l'Oro; dico se non si conferma con la parola di Dio tutto ho per fauola, et per chimera, per nō dir castelli in Aria, come saranno molti di questi Mondi. Adunque volendo ragionare di questo e d'altri Mondi, & dare a credere di riuelare a gli huomini varie fantasie, cose le quali alcuno (mi credo io) non ne scrisse mai, ne ragionò, vengo prima a dirui che nel leggere voi douete pigliare sempre mai la pietra, cio è CHRISTO; & sopra di quella vi douete fondare; percioche egli è scritto nessuno ponga altro fondamento. Prendete sempre quella pietra, riprobata da coloro che fabricarono la quale è stata messa poi nel luogo

principale della fabrica, et con quella fate paragone di questi scritti, parte veri, parte dubbiosi, & parte risoluti. Tutto quello che voi trouerete buono Oro, date la gloria a quel Signore, il qual risuscitando da morte a vita, liberò l'anima nostra dalle mani del infernal Tiranno; & quello che farà archimia, habbiategli tutti per capricci, per exalationi d'humori, o per bizzaria scappata fuori di molte Zucche vote: Credo bene s'haurete patienza di leggere, voi vdirete certo alcune cose, non meno marauigliose che nuoue.

Io mi rèdo certissimo ch'assai huomini nō saranno capaci del nostro scriuere, ne potranno a certe cose astratte, inmaginate da noi con il lor ceruello penetrare. Ma noi ci ingegneremo con tutte le forze dell'intelletto di farci intendere. Hora coloro che non saranno saliti al grado di quella scienza che farà bisogno di sapere: si stieno contenti (disse Dante) al quia, et legghino con quella intelligéza che eglino hanno, le sentenze, le parabole, gli essempi, & le figure, non solamente di questi diuersi Mondi ch'intendono di scriuere gl'Academici nostri, parte imaginati & parte veri; ma ciascuno altro libro scritto da coloro che piu di me & di loro sono stati intelligenti & dotti.

Bisogna dunque fare a noi (se ci sia però su questo capriccio cosa dura ad intendere) come fa quel Cittadino nato, alleuato, & pratico nella sua patria, ilquale guida vna persona nuouamente venuta nella terra per vedere ogni cosa che v'è di bello. Prima costui lo mena ne luoghi generali & conosciuti, & poi ne particolari riposti, vltimamente lo conduce sopra qualche edificio che signoreggi la Città, o sopra qualche monticello: & quiui gli fa vedere il sito la larghezza, lunghezza, & gli fa conoscere i publici edifici, le strade, & tutte le cose; onde da questo luogo superiore,

DISCORSO

egli viene a stabilirsi nell'Idea la imaginatione della terra. Fia di bisogno fare il simile a noi di questi diuersi mondi che s'hanno a discriuere; principiare con certe cose note, piaceuoli publice, nõ fauolose, ò in tutto ridicole, ma piene di curiosità per metter desiderio, & per aprir la strada al lettore. Poi con alcune secrete conosciute; & alla fine con vna superiore intelligenza fare intendere, & conoscere l'animo nostro di parte in parte.

Tvtti coloro che hanno scritto nuoue inuentioni, per insegnare, per dare spasso, per far la mente de gli huomini eleuata, per mostrare i secreti de la lor memoria & acutezza d'ingegno, o per credersi (con vna opinione imaginata) alcuna cosa vera, & darla ad intendere per verissima al Mondo; tutti dico hanno finto visioni, sogni, fauole, & altri modi astratti. Dante finse d'andare viuendo all'Inferno Purgatorio, & Paradiso. Matteo Palmieri mostrò d'esser guidato, dalla Sibilla nell'altro mondo, et scrisse nuoue inuentioni d'anime, & altre cose molto sottili da imaginarsi. Virgilio fu Diuino, il Sanazzaro nell'Archadia mirabile, & altri infiniti hanno scritto cose supreme. Ci sono stati poi nella religion Christiana alcuni Santi, che hanno riuelato per via di visioni molte belle verità. I Pittori (per venir piu basso) anchora eglino si sono ingegnati di darci alcune cose astratte per le mani, dipingendoci il Monte di Parnaso: le Historie d'Ouidio, sotto, coperte di fauole. et Luciano per vere narrationi, ha scritto di dotte cose. Et infino a Esopo con i topi, ranocchi, mosche, & Scimie ci ha ottimamente amaestrati. Non sarà adunque cosa strana che fingino nuoui Mondi, popoli, reggi=

A I LETTORI

mēti habiti, fabriche, piaceri, & materie nuoue a molti, i quali son certo che impareranno assai. Habbiamo poi fatto come vn conuito di questo nostro libro, percioche, noi ci apparecchiamo dentro d'ogni sorte cibo; onde a questa tauola si potranno satiare d'ogni sorte d'huomini, sieno di che grado professione, et ordine (o disordine) si voglino; intendendo sempre che tutti habbino gli occhi a i cibi buoni, vtili, & sani, & non dannosi; i quali con tutte le nostre forze ci ingegneremo di scacciarli da questo pasto, percioche non nuochino ad alcuno. & perche alcuna cosa non ci resti dire adietro, solamente per aprirui la strada di questi Mondi, verremo ad introdure in queste prime dicerie il fondamento di due Academie nelle quali son molti Academici letterati, che faranno tutto questo ragionamento, & con la dottrina loro sodisfaranno a tutti i vostri & miei desiderij.

MONDI

MONDO PICCOLO
MONDO GRANDE
MONDO MASSIMO
MONDO MISTO
MONDO IMAGINATO
MONDO RISIBILE
MONDO DE PAZZI.

MEDAGLIE
D'ORO, D'ARGENTO, DI RAME,
ET D'ARCHIMIA.

COSI POTESS'IO BEN
CHIVDER IN VERSI

I MIEI PENSIERI,
COME
NEL COR GLI CHIVDO.

MONDO PICCOLO
DELL'ACADEMIA PEREGRINA
Dedicato allo Illustrissimo Signor, il Signor
ROBERTO STROZZI.

IN questa prima diceria si fa conoscere a gl'huomini quāto sia difficile il sapere le cose alte et celesti et si mostra quanto sia grāde la curiosità nostra, cō vn discorso mirabile dell'huomo.

L'ESSERE stato piu mesi in questa fantasia di douer sapere le cose de Cieli come le stauano, se gli erano piu mōdi et se ci era mezzo alcuno da poter sapere i secreti piu sù che la Luna; mi fece vltimamente conferire questo mio humore, capriccio, pazzia, o volunta ch'io mi voglia dire con gli Academici Peregrini, i quali erano molti huomini virtuosi per diuerse prouintie sparsi: cosi diedi loro il tempo di ritrouarsi & con essi caci ragioni mostrai quanto fosse bisogno di adunarsi in vn luogo, per vna delle cose piu importanti che mai s'vdisse dire. Onde il giorno terminato si ridussero di piu parti del Mondo questi Academici Mirabili, & fatto il seggio loro nella inuittissima Città di Vinegia, Tempio di Pace d'Amore & Carità : si congregarono insieme.

DAPOI che gli hebbero vdito questa mia voglia parue loro alle prime parole, in questo incontro alla sprouista; ch'io domandassi o cercassi di sapere cose impossibili, pure vi furon alcuni, si ben curiosi come me, i quali dissero, chi sa che non si troui il modo di salire ne Cieli, si come s'è trouato la via d'andare a gli Antipodi, & dopo molti ragionamenti si fece vno Presidente, & se gli diede il Carico di douere ordinare, cosi postagli la Corona del Lauro in capo, si pose a ragionare, & discorse sopra l'huomo in questa maniera.

DEL ROMEO PRESIDENTE DELLA ACADEMIA PEREGRINA,

DICERIA PRIMA.

OGGI, Nobilissimi Signori da che gli è piaciuto à Iddio, il qual gouerna & regge il tutto, & a voi di por tal peso sopra le mie deboli spalle, ne ringratio la sua Maestà di tanto dono, & a voi ne resto obligato, & breuemente vengo a dirui, per dar principio all'uffitio mio; principio che sia honorato, & degno; fauelleremo alquanto sopra la nostra fabrica de l'Huomo, formato tutto d'anima et di corpo; per vscire vna volta de gli ordinari ragionamenti che si costumano di fare in molte Academie. Et sarà vna materia non meno vtile che necessaria, & ci andremo mescolando varie dottrine, per esser l'huomo vn picciol Mondo, introducendo piaceuolezze, sentenze vtili, arguti motti, nuoui autori, nuoui nomi, & forse nuoue inuentioni non

piu dette, ouero vsate di dire ; & con buona gratia del
BORDONE, guida di tutti voi altri Signori Pellegrini,
& con licenza vostra, darò cominciamento ala mia diceria.

DELL'HVOMO In quanto a tutto quello che è congiunto insieme; dico
d'anima & di Corpo; egli è forza Signori, distinguere in piu parte. prima
bisogna intendere che l'huomo è conosciuto, & accettato da noi in varie
spetie, o in varij modi che io mi voglia dire. poi gli bisogna secondariamente l'interpretatione di quest'huomo ; terzo descriuerlo, & vltimamente salire a cose alte, & mostrare quest'vnione dell'Anima & del corpo. Al nostro ragionamento adunque bisogna fare buon fondamento, & il
miglior che sia, mi pare l'autorità della scrittura. A confermare la prima
distintione la piglia quest'huomo molte volte come huomo buono, & alcune
volte come cattiuo, & quasi demonio. Disse Dauitte ; liberami Signore
dall'huom cattiuo, & dal iniquo saluami. Quando CHRISTO espose
quella bella parabola del seme a gl'Apostoli, non disse egli che colui che
seminò la zizzania fu l'huomo inimico, cosi espone chi l'intese bene, quasi

B ii

demonio : Tu saluerai gl'huomini & le bestie, disse il Profeta; cio è coloro che molte volte viuono come fiere, & n'apparisce l'essempio di Nabuc huomo sensuale. Scrisse bene a i Corinti Paolo, quando egl'è contentione fra voi; sappiate che voi caminate come huomini. Vltimamente l'huomo si piglia per vna composition della natura, che congiunga insieme due cose distante molto l'vna da l'altra, facendone vna cosa sola, si come è anima & corpo: perche vna si chiama sostanza corporale per esser materia che si genera & corrompe; l'altra è sostanza di spirito, & non ha corpo cosa celeste; però fra l'vna & l'altra c'è grandissima differenza. Niente di manco congiungendosi, fanno vna composition perfetta. Ne vengo hora a dire l'interpretatione di quest'huomo, & mi posso vnire primamente con l'opinione d'Isidoro, & lo chiamerò animale forma di DIO, lo farò mansueto, l'accompagnerò con la legge della ragione, formerogli vna potentia da poter conoscere, & da potere amare, & s'io vorrò chiamarlo (per dir vn vocabulo proprio) abusiuamente, che l'huomo sia detto per bocca de Latini ab humo, sarò molto basso in questa lettione. I Greci lo dissono nella lingua loro Antropus intendendo una forma retta & eleuata alle contemplationi delle cose disopra, come colui che sempre douerebbe pensare a quella perfettione che l'ha creato & perche. Non vi voglio hora stimar per iscolari, ne diuenir Mastro di fanciulli con interpretar questo Antropus che venga da Ana, che vuol dir sopra, & tropus conuersione, perche so che lo sapete, & con l'occhio vi fate chiaro che fra tutti gl'animali, l'huomo solo risguarda il Cielo. Lascierò d'allegare per hora Ouidio in mio fauore, & porrò silenzo all'interpetration de Poeti che vogliono che l'huomo sia vn'arbore arrouescio: con quelle allegorie che le radici sieno i capelli & le braccia, mano, gambe, & piedi ogni cosa dal ceppo dell'intelletto cresciute, debbino distenderfi tutte all'opere celesti & Diuine. Vegniamo hora all'interpetratione di esso huomo, il quale si chiama il minor mondo, detto da greci in vn sol nome Microcosmus, & il maggior mondo lo chiamarono Megacosmus, onde da questi variati nomi, chi n'ha saputo piu di me, gli ha distinti così. Mondo massimo il primo; & questo è Iddio. Secondariamente si dice poi, mondo grande, onde viene a essere il mezzo, Terzo, & vltimo il piccol mondo che è l'huomo. Io dirò forse vn passo non considerato da molti, per confermatione di quel che io ho detto, di questi tre Mondi. Disse San Giouanni. Egl'era nel mondo, ecco Iddio in se stesso; il mondo fu fatto per esso: Ecco il mondo mezzo, & il mondo non lo conohbe, questo sarà l'huomo. Questa mi pare assai buona, & soffitiente ragione per mostrar che la distintione quale ho fatta, è stata detta con fondamento ragioneuole.

Il primo mondo non si considera tanto la macchina, quanto la virtù: disse bene Agostino huomo Santo, questo è il maggiore & il migliore. & da questo son tratti gl'altri mondi, Boetio scrisse dottamente. Tu delle cose superne ci mostri l'esempio. Questo adunque sara la forma, la figura, & il principale. Buonauentura dottore buono, (per allegare d'ogni sorte auttorità) disse; tutto l'vniuerso (parlando del secondo, & terzo mondo) insieme con la creatura parte terrena, & parte celeste; è cauato dall'essempio grande per manifestar la potenza, la sapienza, & la bontà de Diuino modello, anzi architettore. E bisognerebbe hora che io entrassi in quella pienezza del primo mondo massimo, & ragionassi con voi Signori Pellegrini della natura spirituale, & della sensibile, de noue ordini di gl'Angeli, & traessi di piu ordini, i tre dell'Angelica Gerarchia cose troppo alte da parlarne vn par mio ignorantissimo; & da queste discendessi alla natura sensibile del mondo maggiore, & anchora che io sapessi, sarei lungo entrando nella natura semplice, & mista, perche come voi sapete la natura semplice si piglia per la natura celeste, & elementare; la celeste si scriue in tre Cieli principali: si come è l'Empireo, il Cristallino, & il firmamento, cio è lo Stellato; sotto il quale stanno sette pianeti, Saturno Gioue, Marte, Sole, Venere, Mercurio, & Luna. Poi quella de gl'elementi, si parte in quattro spere, Fuoco, Aere, Acqua, & Terra. Ecci poi i misti, che son corpi generati da gli Elementi, i quali per virtù della luce de celesti corpi, che vniscono insieme gli elementi; fanno vn esser, composto di varie materie: si come sono le pietre, le miniere, le piante che crescono, & gli animali che sentono. Vedete insino doue io son trascorso non volendo, a mostrarui dieci mondi (parlando come gli Astrologi) quattro spere elementari, con questi corpi misti vltimamente, de i quali tutta questa macchina è ripiena. & per non essere fastidioso ne vengo all'Huomo che è il terzo mondo chiamato come io v'ho detto Microcosmo. L'Huomo che è il picciol mondo, si dice così, perche non ha il priuilegio perfetto de i quattro elementi, Mondo si chiama poi, per la similitudine che egli ha non solamente con le maggior parti del mondo maggiore, ma s'assomiglia anchora al mondo Massimo che è Dio. Qui non accade che io mi distenda con le distintioni del primo mondo generalmente, del secondo spetialmente, & massimamente del terzo, perche quanto al primo si come il maggior mondo si conosce i spiritual natura, come è l'Angelo; & corporale si come il mondo sensibile: tale l'huomo si comprende d'anima & di corpo, vna spiritale, & l'altra sensibile. & si come nel maggior mondo sensibile son doppie le parti, percioche vna ha l'essere stabile & perpetuo, come sono i mondi celesti & gli elementi, i quali so fatti per l'Huomo per rintegrarlo della sua patria, (per la parte spirituale) la macchina sensibile anchora ha la sua stanza, & tutte l'altre cose per sostentamento, & godimento. Ecco adunque l'anima che ha il suo stato Eterno, & il Corpo mortale. Tacerò la morte in questo luogo, della natura & della colpa per non mi distendere in sì gran materia : ma verrò alle comparationi dell'huomo al mondo, cio è dal mondo piccolo, & al Mondo grande.

VOI douete sapere che le parti del corpo dell'Huomo son create & composte, secondo la dispositione & il sito del mondo. Imaginateui vn'huomo della grandezza quanto volete, & che la sua testa sia circulare come le sfere, questa stà sopra tutto il corpo sì come i Cieli nel piu alto seggio alcuni Cieli si veggono, & alcuni nò. comparate il Sole & la Luna a, i due occhi, Saturno & Gioue alle due narici del naso; i duo orecchi, a Marte & a Mercurio; & Venere, alla bocca. Quei pianeti illuminano & gouernano tutto il Mondo. & quste sette membra ornano, & fanno perfetto tutto il corpo. Il Cielo d'innumerabili stelle ripieno s'appropria à gli infiniti capelli. Il Cristallino Cielo il qual non si vede, l'huomo può simigliarlo al senso comune il qual è nella fronte; Et quello Empireo che è nascosto a nostri occchi; diremo che sia la memoria nostra che rappresenta sì mirabili concetti. Venite scendendo al basso, eccoui la spera del fuoco, che è nello stomaco; nel quale l'intenso calore s'essercita per la digestione. Dopo il fuoco c'è la spera dell'aere nella quale si generano le pioggie, le neui, & la gragnuola, ricercate il cuore dell'huomo voi ci trouerete dentro ladrerie, homicidi, biasteme &c. Ecco la terra vltimamente con l'acqua doue si fa la generatione & la corruttione. & nel corpo nostro, si ritroua il generare, & il corrompere anchora. Sopra due piante si regge la bella fabrica nostra, cosa miracolosa inuero, perciò che gli animali con quattro apena si sostengano, & così la terra si sostiene mirabilmente per diuino ordine. Participa l'huomo anchora di tutte l'altre cose create; testimonio mi sarà di questo San Gregorio sopra quella parola predicate il Vangelo a tutte le creature (che egli espone così) cio è gli huomini, i quali s'intendono per ogni creatura di Dio, per ragione; a ogni altro huomo per intelletto; a gli angeli, & al suo creatore per l'intelligenza. L'Anima adunque poi essendo nel suo corpo & stando peregrinando, è condotta ad essercitarsi per cinque modi alla sapienza, come sarebbe dire; il senso, l'imaginatione, la ragione, l'intelletto, & l'intelligenza, et quattro son gli effetti che ci spingono alla Carità & il timore, il dolore, la speranza, & l'amore. Con questo modo l'anima in se medesima si exalta & camina infino a i Cherubini & seraphini, cio è per infino alla pienezza della Carità. Arriuati al segno di questa Carità, subito l'Omnipotente Artefice, siede in sul Trono del primo Mondo, & sopra del secondo s'appoggia, & nel cuor nostro ultimanente alberga. Veramente egli ci sarebbe di belle cose a dire, per che altra diffinition vuole l'huomo secondo l'anima; altra secondo la corporale sustanza; altra anchora, volendo ragionar secondo il tutto congiunto insieme: vltimamente secondo la vita. ma il tempo è breue & nostre voglie lunghe. Lascierò dunque il carico allo ELEVATO di seguitare il primo ragionamento. Piacemi d'hauer discorso alcuni bei passi, riserbandomi di dire anchora come il Mondo è buono per participation del bene, e il mondo non è buono perche è patibile, et mobile, cagione di tutte le passioni, Mondo è vn ragionamento di mali, Mondo è vn grande Dio, imagine d'vn maggiore; Cosmo cio è mondo figliuol di Dio. Cosmo (anchora) ornato, è nominato per necessità, & per merito. Mondo bello, ma non buono, perche è di materia che patisce, Mondo primo animale, & Mondo l'huomo secondo animale; questi son tutti Capi, de i quali io intendo farne vn'altra volta lettione honorata; & per hora vengo a concludere, che considerandoci huomini di quella maniera che noi siamo, dico per fine del principiato ragionamento vostro: che conoscere Iddio è via perfetta, à salire al Cielo, da questo Mondo. & altra strada è impossibile a farla.

LA Conclusione di comun parere fu che s'andasse per il mōdo, parte per acqua et parte per terra, cosi ciascuno che uoleua uenire, togliesse la tascha il Bordone, & il Capello, con tutte l'altre cose che fanno bisogno a tal viaggio, & di bella brigata ci metessimo in camino. Fu ueramente cosa Diuina che s'unisse tanti animi insieme, quasi un corpo, & un'anima. Partiti adunque della mirabilissima Città, parte sopra d'una Naue saliti, & parte preso il viaggio per terra: & parte ne restò nella CITTA; Noi altri della Naue cominciamo ad hauer ragionamento insieme; & nell'vdirci & intenderci vn Pellegrino chiamato l'Inquieto, di quelli fuori della nostra congregatione: s'accostò a noi, & con alcune parole ci pregò che gli dicessimo l'intention del nostro pensiero, alla qual domanda volentieri sodisfacemmo. Onde egli vdito come noi voleuamo prima vedere i luoghi Maritimi, & poi cercare di peregrinar tanto per terra che noi trouassimo vna via che ci conducessi al cielo senza morire; disse, Voi haurete trouato forse vn huomo, il quale vi potrà dar relatione d'vna gran parte di quelle cose che cercando andate. Però se vi piace l'ascoltarmi son per dirui chi io sono, & narrarui vn viaggio che hanno fatto i miei compagni al Cielo, & tutto quello che stato è de casi loro. Noi di questo lo pregammo, & mostrammo hauergli grand'obligo di tanta cortesia. Egli all'hora seguitò

MONDO

con queste parole. Io sono Cittadino Romano d'assai honorata famiglia et fui d'vna Academia anch'io, chiamata la VIGNA. Così a vna mia villa fuori di Roma ci adunauamo insieme, & con le nostre compositioni, contauamo le virtù dell'herbe; delle viti, il suaue licore; de frutti la dolcezza, & l'vtile di tutta l'agricoltura.

Talmente che dell'Academia nostra detta de VIGNAIVOLI, n'è vscito di bellissime opere; come sono state; La Cultiuatione, il Dioscoride vulgare, la traduttione della Buccolica, il Comento, lettere delle Ville, gli Horti delle Donne, insieme con molte altre compositioni mirabili. & così come noi erauamo cultiuatori di Piante, ci mettemo sopranomi d'herbe, onde questo era chiamato, il Viticcio, l'altro il Cardo, il Semenza, il Borrana, il Carota, l'Agresto, il Mosto, il Fico, il radicchio, il Ramolaccio; & (per non dirgli tutti) simil nomi. Hora auenne che dell'anno XXIIII. s'aspettaua quel gran diluuio, il quale faceua paura a tutti, & fu fatto di cattiui pronostichi quell'anno. I poueri Vignaiuoli vdito questo si ritrouarono insieme alla mia vigna, & considerato la brauura che faceuano gli Astrologi minacciando alle Vigne, & a gli Horti nostri

noſtri;come ſarebbe;careſtia,ſecco,uenti, nebbie,& altre fantaſie pericoloſe, fecero un conſiglio grande ſopra queſto caſo,hora udite come. Prima noi faceremo ſacrificio a Bacco,& a Priapo,poi ci riſoluemmo di mandare due Inbaſciadori Vignaiuoli nel Cielo a quegli Dei perciò che farebbono duo effeti, come ſi dize in un uiaggio due ſeruigi. Vno era uedere ſe foſſe uero tante baie che diceuano coſtoro;l'altro ueder d'impetrar gratia da gli Dei che ci deſſero abondanza.Inanzi che io paſſi piu oltre,Pellegrini honorati,io uoglio farui un poco di ſcuſa,con dirui che io andrò nella mia diceria,meſcolando fauole,ciancie,nouelle,& uarie inuentioni piaceuoli,per non faſtidirui del continuo con una maniera di Ragionamento & laſcierò vſcirmi le parole di bocca,naturalmente ſenza arte,ſenza affettatione,et ſenza altra pulitezza di numeri,ſi che non mi date la tarra per queſto.

Hora per ſeguitare il mio ragionamento,et farui intendere il tutto.Ser Agreſto noſtro Vignaiuolo(perſona molto piaceuole)nel trouare il modo & la uia d'andare a queſto Cielo diſſe.A me parebbe che ſi cercaſſi d'un'aquila grande e che ui ſi metteſſe ſopra due di noi altri;ma non uorrebbono eſſere troppo peſanti,però il papauero e il finocchio ſaranno il propoſito. a queſto riſpoſe il Sorbo non eſſer coſa ragioneuole queſto mezo dell'Aquila per eſſer coſa che ui ſi traſforma tal uolta Gioue, & per hauerui portato altri fuſti in Cielo che di finocchio.Il fungo ſaltò ſu,quaſi che gl'haueſſe trouato il modo,et diſſe,chi ci ha da andare ci uadi ſopra un carro,eſſendo il uiaggio lungo per che ſtarà piu agiato,& potraſſi mettere ſopra qualche frutta da preſentare a quei Signori di la ſu.L'opinione di queſto ſaccente vignaiuolo non diſpiacque,ma daua loro alquanto di faſtidio chi doueſſe tirar queſto carro;coſi la coſa ſe n'andò in fummo.A queſto paſſo ogni Vignaiuolo ſi ſtillaua il ceruello. Imaginandoſi per acqua,come le naui di Luciano;per terra per uia di qualche ſelua come Dante,Per che non cercaui uoi(diſſe il Diuoto Academico Peregrino)piu toſto facendo oratione trouar la ſtrada per mezzo dell'oracolo. Coteſto riſpoſe l'Academico Vignaiuolo s'aſpetta a uoi altri che ſiate nel peregrinaggio della ſantità,noi erauamo nelle facetie,& nelle Chiemere a gola,come s'è ueduto ne fichi,ne i naſi,et altre argutie uiuaciſſime.& non ne le diuotioni. Douete adunque uoi far oratione per che potreſti hauer qualche uiſione,la qual v'inſegnerebbe come poteſte andare a Cieli;O per mezzo del ſonno ſotto figura comprendere quanto facile, o difficile ſia la coſa che ricercate.Queſte tre ſorte di ſogni diſſe il Diuoto ſon tutte delle coſe auenire de i quali noi ci chiamiamo ueramente indegni , noi ne habbiamo nell'inſogno,il quale è ordinario de gl'huomini,hauuto molte,lequali credo che non ſien uere per che ſono ſtate cauſate da uarij accidenti , miſti per le

C

complessioni, per che il Sanguigno sogna cose allegre, il Malinconico, paurose
il Collerico, infocate, & il Flematico acquose. Non uoglio hor dire che la
Fantasma mi habbi qualche uolta streto il cuore sul principio del dormire
inanzi che io habbi appicato il sonno. Ma non piu di questo per che non son
mezzi, atti a salire sì alto: seguitate che risolutione presero i uostri Vignaiuoli? E si dettero (seguitò il nobile Academico) a mettere insieme le scale
che gli haueuano a pihuoli iequali usauano per potare i frutti, et farne dell'
altre & aggiungerle insieme & fabricare con esse una macchina tanto grande che tutto il mondo stupiua. Onde in pochi giorni egli arriuaron con esse
alle nugole, e fecero alcuni argani da tirarne quanto bisognasse per salire piu
su. Poi elessono alcuni Academici de piu dotti nell'astrologia, nelle mate-
matiche, & nella Filosophia che fossero tra noi, & questi furono il Carota, il
Radice, & il Cardo.

Colsero molte frutte, uue, & herbe, per presentare, & scrissero uarie suppliche
così Accompagnatogli alla scala con grandissima festa gl'accomandorono all'
aere. Il veloce Academico pellegrino disse; per che non facciamo così noi
ancora che in un tratto salirò quella scala forse piu tosto che un uccello.
bene è uero che io non ho così bella presenza d'Imbasciadore come si con-

uerrebbe, ma i uostri che personaggi eron eglino? Tutti nobili generalmente, poi ciascuno particolarmente degno di questa imbasciaria. Era il Carota un bel pezzo d'huomo d'un trenta anni, Bianco, & dritto su la persona gagliardo di schiena, che sarebbe salito sul fil delle spade, si era destro, non che su pihuoli? Il Radice era piu giouane per che non passaua uenticinque anni, pulito, bello, & molto dilettevole, & il Cardo persona molto letterata, & di maturi anni, onde passaua i quaranta. Cosi tutti a tre uestiti di Bianco, et Bianchissimi d'ogni cosa, et tutto il uiaggio che fecero scrissero. Ecco il Dotto Cardo, come fu presso al primo Cielo, cominciò a uolere intendere se Strabone, Tolomeo Marino et altri misuratori del mondo l'haueuano ben compassato; ci uedeuano il Monte di Parnaso, doue che Lattantio et Plutarco fanno finire i confini del Diluuio; et uedendo che u'era insino al Cielo un'infinità di miglia, il Cardo si rideua della lor pazzia, chiamando Beroso, con dire per che non se'tu qui, che uolesti anchor tu trouare il Centro della Terra con la Barca di Noè. cosi mostraua a suoi compagni la stoltitia di tutti, insino a quella di coloro che pensauano con il uolar dell'aquile sapere apunto il mezzo. Disse all'hora il Carota; uedete là quella Città si grande quella mi pare il punto del mondo. ma il Cardo che haueua il capo pien di Cosmografia, cominciò a mostrare le cose celesti con le sue distintioni, et fermatosi alquanto, diede d'occhio a siti, a luoghi, alle terre, et discorse per insino alla eleuation de poli, nascimenti de le stelle, paralelli, meridiani, ombre (o dotto Vignaiuolo disse il Sonnacchioso) poi fece uana l'opinione di molti con lo squadrar i monti, le Selue, le riuiere, i fiumi, i mari, et i laghi; compassaua poi le parasanghe gli stadi, et le miglia; nominaua a uno per uno, i regni; sapeua i nomi delle genti, i reggimenti de populi i termini delle prouincie, i circuiti delle città, e tutte le cose degne mostraua a dito; et distingueua porto per porto, o che cose mostrò egli miracolose, altri mondi fuor della nostra ASIA, EVROPA, et AFRICA, popoli et habitationi, & fece rimanere un Ocha Aristotile che non credeua che s'habitasse tutta la Zona sotto il zodiaco, tanto che baloccarono un pezzo per saper ragionare di questo mondo. Cosi contenti di questa bell'occhiata seguitarono la salita. Hor lasciategli salite disse il S. presidente. & riposateui alquanto, in questo mezzo la moltitudine di questa naue s'accomoderà & cesserà tanto romore, dopo questa se ui piacerà, (inanzi che uoi ci diciate come i uostri Vignaiuoli andarono in Cielo, farci intender la uerità di quell'Astrologo che s'oppose a tutti gl'altri, circa il Diluuio; per che essendo in quel tempo a Roma ne douete essere informato ottimamente; noi goderemo assai della sua astutia. Penso che intendiate, disse il Malcontento. Et egli rispose che lo farebbe uolentieri. Cosi fu finito il ragionamento per quella mattina.

MONDO

Anchora che noi fiamo in questa naue, doue si douerebbe fauellar sempre di cose spirituali, celesti, e della scrittura sacra; non restara per questo che ragionando io, o alcun di uoi di dir qualche materia piaceuole, ci manchi l'animo anzi lo facci maggiormente inamorare delle cose di Dio, conoscendo tutto esser fauola, stoltitia, & sogno; & solo Iddio uerità quiete, et riposo. Adunque nel trattenere questo corpo, noi faremo come il buon soldato che ha da far la giornata che gouerna ben il suo cauallo, accio che possi sostener meglio la fatica, la qual se gl'apparecchia. queste piaceuolezze formate ne i nostri ragionamenti saranno cagione che il nauigare non ci rompi l'intelletto, o ci stracchi la Memoria, onde uenuti afflitti, amalati, e mal contenti, non possiam poi seguitare il uiaggio del nostro spirito. Et questo basti per iscusa di quelle cose che si diranno, (però con somma honestà) che non sieno cose sante. Questa scusa mi piace disse il Romeo, hor sodisfate al mal contento del suo astrologo, accioche si rallegri un poco, et poi contenterete noi.

Hauendo tutti gli Astrologi con numeri, punti, misure, archipenzoli, & segni. Concluso che'l Diluuio douesse uenire, et affogar tutti che non ne campasse nessuno, et affermatolo con publication di pronostichi stampati. & tutto il giorno per le case de Grandi, per i palazzi de Cardinali mostrando i segni, le clipsi, la Luna, le congiuntion de pianeti & altre loro fantasie, operaron tanto che ogni uno si riduceua ne piu alti luoghi, per non essere i primi a morire. Di questa cosa n'era bene un non so che di reuolutione donde si scurò l'aere e fece una grossissima pioggia, ariuati al giorno pronosticato da costoro, il tempo si turbò et cominciò uenir giu una grandissima acqua del cielo, tanto che gl'huomini confermati nella credenza per ueder un tal principio che tutti fuggiuono nelle piu alte stanze delle case essendo pieni i monti, & si partiuono assai della città ritirandosi alle montagne. Vn'ostrologo forse di manco lettere ma di piu sottile ingegno, ueduto questo romore & questa confusione, cominciò ad andare gridando che non sarebbe nulla, & che l'acqua tosto passerebbe via, mentendo gli altri Strolaghi per la gola. Sopra qual ragione si fondaua cotestui disse il Sonnacchioso che si destò a quest'acqua grossa. Voi vdirete rispose il Vignaiuolo, & seguitò. Onde ne toccaua di buone tentennate, & era hauuto per pazzo spedito da ciascuno. come volle Iddio in termine di 2, o, 3 hore. le Clisse passarono, & l'oscurità cessò, il tempo s'aperse, & la pioggia finì, ne vi fu altro che'l Teuere, il qual venne grosso come suol venire dell'altre volte. Onde tutte stordite le persone, si stauono in fra due se gli eron tutti morti o mezzi viui, & si faceuono vna festa nel trouarsi insieme come se fossero uenuti dal Cairo, o pianti per perduti. L'Astrologo veduto che non venne diluuio altrimenti (forse come colui che l'haueua creduto anch'egli,) si fece Cauallieri, con mostrarsi piu Eccellente in questa scienza de gli altri. Tal che tutti l'amirauano per vn Sapiente dottore, cosi haueuon per capocchi i suoi contrari. Passati alcuni giorni, & veduto il loro errore questi pronosticatori, fecero chiamare questo valent'huomo che l'haueua indouinata, & essendo insieme gli dissono. Di gratia mostraci il fondamento della tua dottrina, & se tu sai doue noi habbiamo errato, manifestacelo perche di questa cosa tu ne riporterai honore & premio. Io rispose l'astrologo sagace,) mi fondauo sul guadagnare, & non sul perdere. & di questa mia opinione non ne poteuo riportare se non honore & vtile; Siate voi tanto grossi che non conosciate che io non ci ho ragion nessuna per uia d'Astrologia, ma si bene per via di discorso sicuro. Chi voleui voi, (o Astrologi sapientissimi) se veniua il Diluuio, che hauesse annegato tutti, chi voleuate voi (essendo tutti morti) che m'hauesse rinfacciato che io haueua cattiua, o falsa opinione? O capocchi, o babbioni disse lo Smarrito e mi parue vno astuto bigatto questo misurator di Stelle. All'hora si fece inanzi il Malcontento con dire voi sete venuto doue io voleuo. Guardate adunque in questo viaggio del Cielo di non ci vender vesciche, perche voi state su la vincita & non su la perdita, perche qui ne fuor di questa Naue è alcuno che vi possi dire la non è così. Io v'ho vdito cominciar certi principij di Carote, pur che voi non ce ne diate tante che le ci faccin male basta. Qui fra l'vna nouella & l'altra argutia si rise vn pezzo, & il Vignaiuolo quietato le risa disse pigliatene quanto vi piace il restante trouerrò ben'io doue spacciarle inanzi che noi siamo giunti in porto. Et seguitò.

Peruennero in breue alle nube serrate, & folte, alle quali arriuauano la cima delle scale, pensando che fosse facile l'andare inanzi come dir piana piana: ma e si trouarono ingannati. Cosi stando a pensare che modi tenessero a andare inanzi; eccoti vna femina & vn'huomo sopra vna nugoletta, & come se fossero stati a cauallo sopra vn veloce corsieri arriuarono alla scala; & allegramente dissero; ben venga questa bella compagnia: ma che andate cercando si alto luogo, si difficile à salire, & piu difficile a starci? Il Carota rispose, noi siamo Academici, i quali storditi da le varie opinioni della Strologia, & per le gran minaccie che ci fanno in Roma i nostri pronosticatori sian venuti piu alto che noi habbiamo potuto a certificarci di queste cose se cosi sono come cicalon quest'huomini, & dato che habbiamo hauer carestia, vogliamo supplicare, che almanco alle nostre vigne non sia fatto questo danno ne a frutti ne alle altre herbe nocumento alcuno. & dopo l'hauer parlato vorremmo presentare queste semplici & mature frutte che portate habbiamo a questi Signori che gouernano questi Cieli. Veramente l'è cosa nuoua vederui qua sù, ma che varietà trouate voi ne gli Astrologi vostri? Et essendo cultiuatori di vigne d'horti, & trapiantatori di piante, la mi pare prosontione la vostra di uoler tassar gl'Astrologi, per non dire voler vedere il Cielo. Non guardate a questo, disse il Cardo, perche io son adottorato nella Strologia, et vi saprò render ragione dell'opinione de Caldei, de gli Egittij, de gl'Indi, de Mori, de gli Arabi, Giudei Greci, Latini, moderni & antichi; tutti gli ho trouati variare piu che la Luna. A questo vi risponderò, ma inanzi che io cominci vo dirui il nome mio. Io son l'INTELLETO & questa è la mia sorella detta FANTASIA, & l'vffitio nostro è mettere o guidar nel Cielo quelle persone che per insin quà arriuano; (ma come vui non ce ne venne mai nessuna), & insino a hoggi non c'è mai stato altro che fare, hora (i miei amici) quà sono diuerse vie, le quali conducon tutte a vn fine. è ben vero, che ce n'è vna per la quale rare persone vi vanno: perche vi si vede tanta miracolosità di cose; che quando è tornano in terra, non trouano paragone, ne comparatione da riferire quel che gli hanno ueduto; & piu sono coloro che ci uengono per curiosità di sapere per soprafar l'vn l'altro, che per vedere di riparare a gli inconuenienti, & a disordini del viuere humano. Quando noi ci menammo Platone, Auerroe, Aristotile, Proclo, & altri che de Cieli hanno ragionato. Noi gli guidammo per vna via che non viddero se non otto sfere; & benche Auerroe hauesse letto d'vn certo Hermete che u'haueua messo la nona sfera, egli non ne vidde se non quelle che io v'ho detto. Per vn'altra strada u'andò Alberto Magno, Isac, & molti altri che hanno prouato il modo del partire, & dell'andare, tanto che le fanno noue, così ci son venuti molte volte hora per vna via, & hora per vn'altra. tanto che l'hanno fatte otto & noue. Il Radice disse, cotesto noi lo crediamo veramente perche se voi dimandate in terra, quante miglia si fa da vna Città a vn'altra, da vna villa pure; à tanti quanti ne ricercherete saranno l'opinioni tutte diuerse. Talmente che non si può sapere se non si misura la verità; così penso che gl'interuenga de gli Astrologi che voi fauellate, se non vengono vna volta insieme, & piglino l'archipenzolo, è non s'accorderanno mai. Disse l'Intelletto Messer Isac, il Bazan diede, come vui sapete le sue tauole fuori; & sempre credette che le fussero noue: poi si lasciò infinocchiare à Albategno, & al Moro; & ridissesi, & torno all'otto. Quando e ci fu M. Leui, & M. Abramo Zacuto, egli vsciron di strada senza me, onde non seppero se sopra l'ottaua sfera fusse moto; & sonci stati molti altri; che non hanno saputo trouare la certezza se l'ottaua si muoue così tutti vanno inpazzando (come e son fuor di quasù, & che gli hanno perduto la mia compagnia) per questo Cielo; chi ci dipigne vn Bue, chi vn Cane, vn'altro vna Pecora, vn Leone, vna Donna, vn Serpente, vn'huomo armato, vn Orso, vn Cauallo; & ficcano in questo Dominio mille pazze bestie.

Insino a qui disse il Zoppo potrò andare anch'io se non si va più inanzi, & non mi contento. Mi piace bene di sentire queste opinioni diuerse, varie, & ornate, & mi diletta quest'inuentione dell'Intelletto & della Fantasia, la qual cosa vengo à considerare che uolendo andare al Cielo non ci essere altro mezzo (essendo al mondo) che cotesto. Hor vdite, disse il Vignaiuolo. Intelletto mio rispose il Cardo queste son tutte cose che mi son famigliari come il fauellare; & so che essi sono vna gran parte di loro animalacci, & mostri a tener di sapere il tutto, & per questo noi ci vogliamo (se vi piace) giustificare anchora noi, & metterci sotto i piedi, la Galaxia, gl'Ecentrici, Epicicli, i concentrici, trepidationi, retrogradationi, acessi, recessi, & altre migliaia di frenesie, girelle, & materie, che si son fitti nel capo. Ma se ui piace di darci la nia buona, &

insegnarci quella che è vota di pazzie, noi ci verremo molto volontieri; quanto d'andar per quell'altra non ci piace il viaggio. Difficile sarà disse la Fantasia, che noi vi guidiamo rettamente come siamo vniti con vui; pure per esser persone d'alto vedere, & che desiderate honore : Tosto venite (che si farà il possibile) & rinuolgeteui in compagnia nostra in questa nube, che dall'Elemento caldo & dal freddo ui difenderà; & ne giremo in Cielo.

Egli è forza di frametter qualche piaceuolezza. Subito la nube volò alto & non sì tosto furono in Cielo che nel modo che sogliam fare i fanciulli & le Donne, corsero alla volta di costoro (per hauer vedute quelle frutte) Madonna Venere, & Messer Ganimede. Il Carota vedendola prepararsi il grembo per riceuerle gli gettò tutto quel che la volse inanzi, con dire la mi farà fauore. Mona Luna si trouò in quel punto accompagnata con lei, & veduto torgli ogni cosa per se, gli diede la volta la colora & andossene. Domandaron ben doue l'era ita, ma l'Intelletto rispose loro come l'haueua da far mille faccende, come sarebbe due volte il giorno gonfiar il mar d'India & di Persia. Il Zoppo disse qui, io son pure stato nel mare da Pisa, & di Genoua, & non fanno già questi gonfiamenti : O di cotesti, disse l'Academico Vignaiuolo; la non se n'impaccia, quando la saglie a gli archi d'Orizonte, debbe far crescere, disse il Romeo, & quando tocca quegli del Meridiano scemare. ma seguitate, Ganimede, che fece ! Era a torno al Radice, (secondo che dissero) & si faceua dar delle Nespole, Pesche, & altri frutti. Tanto che ogni cosa infino alle Mele, andò a sacco. La Signoria di Gioue, la riuerenza di Messer Mercurio, con quei Saturni agiati, fattisi inanzi & veduti costoro, gli fecero entrare in collegio doue gl'Imbasciadori cominciarono vna strenua diceria. & quando ei furono per dire; Ecco il presente che Priapo Dio in terra de nostri horti, manda alle Signorie vostre, e non ci trouaron nulla nel panieri. Et già n'era ito il fumo al naso di Gioue. Il quale mezzo geloso della sua bella Venere & di Ganimede suo pincerna ; entrato mezzo in bizzaria non volle stare a vdirgli, & subito gli prese per i capelli, & per vna buca gli gittò a terra del suo Cielo nel loro orto, & conuertirgli in due barbe, & secondo che il Carota era prima bianco, lo fece diuentar rosso, accioche sempre e si vergognasse : & lo ficcò sotto terra con ordine che sempre crescesse al disotto, come le Zucche in pergola : ne mai si potesse leuar sopra terra senza qualche aiuto : & gli pose nome **GNIFFEGNER** & il Radice per essersi troppo dimesticato lo fece

nericcio

Nericcio, & lo chiamò RAMOLACCIO: dandogli quella medesi=
ma pena, che al Carota. Quando gli Hortolani sentirono il tuono, &

uidero ficcarsi nel lor terreno quelle due Barbe, udirono anchora il lor gri
do, & scolpirono queste parole aiuto, aiuto, oime, oime: Corsero subito
tutti là & diedero mano a Zappe, uanghe; rastrelli marretti; sarchielli
padella, pihuolo, palo, & altri stromenti; & là giunti zappando, & as
nassiando fecer tanto che cauaron fuori questi poueri Hortolani conuertiti in
herbe, neri, terrosi, e tutti intrisi; & dimandatogli del caso non pote
uano proferir piu alcuna parola, ma con cenni, & atti il meglio che pote=
uano mostrarono per che, & per come; & domandandogli se gli erano le=
ro, medesimamente ferono con cenni, sì: & alla fine sculpirono il nome
loro, propriamente come se le Carote haueßin lingua: sì che non è mara=
uiglia, se ne uà tante attorno che cicalano.

IN questo mezzo tempo, Priapo che haueua udito questi
nomi pazzi, fece congregare una turba di pedanti, idest

vna mandria di quelli animali saluatichi che fanno il fattor
di casa d'una vedoua, dan consiglio; tengon conti; & vanno

dietro a fanciulli: & fece loro intendere il caso, pregandogli
per quanto haueuan caro il cappello, che doueßero dichia
rargli il nome di quelle radici. I pedanti dotti cominciarono
a masticar questo Gniffegner, & a squadernare i libri; così
tornatosene a casa voleuan metter di dietro Gniffe con dire;
e viene da metochis metochi metochin verbo greco, et inanzi
gner; in fine e non v'andaua. La padrona l'un Pedante
(essendo fuori il marito) veduto così conturbato il maestro,
dißse, che hauete voi Domine? come colei, che conosceua la
natura sua; rispose il sere; Priapo nostro vuol sapere vn
vocabolo, che non lo trouerebbe la carta da nauicare; & se

rinasceße Cicerone, rimarrebbe vn bue a questa volta; che voca
bolo è egli? Gniffegner in mal'hora, rispose egli. O questa è sì
gran cosa? togliete il Calepino, disse la donna come quella che
haueua vn poco di grammatica; el non gioua il Calepino,
che tristo lo faccia Dio ; poi che non vi ha meßo se non gners,
che deriua da Floccipendo, & pro nihil habeo ; che fa nel
futuro del presente, meminero. Lasciate fare a me : &
tolto di compagnia le declinationi tanto fecero, et tanto fru=
garono, che mescolarono insieme hic & hec, & fecero (con
licenza del Cornucopia, vn vocabolo, & dißero Napuculus
in Latino. Priapo sentì consolatione aßai di questa con=
giuntion del nome, & del verbo. Vn'altra parte di que Pe=
danti furfanti non seppero far mai nulla. Erauene vn'altro
pur dotto, ma non quanto quel di Gniffegnerre, il qual tro
uò la timologia, & insegnò la costruttione a suoi putti galan
temente, & per eßer minor dittione Ramolaccio, l'adat=
taron meglio nella memoria a fanciulli ; & dißergli per let=
tera Rafanus. Piacque a Priapo anchor questa dolcezza
del dire ; ma el mandò ben alla stufa certa quantità di cana=
glia di quei Pedanti che non sepper trouar mai costruttion
neßuna; anchora che i manigoldi si corrompeßino da lor me=
desimi fra i libri : & per hauer la furia dentro che gli arrab=
biaua, per non poter sodisfare à Priapo, ne faceuan por=
tar la pena à gli scolari, alle fanti, & a tutte le persone,
che veniuano sotto a imparare o seruirsi de lor cuiußi : furo
no cacciati aßai di quei gaglioffi delle case, per hauer mal
gouerno i fanciulli, (con le staffilate) il forame. Priapo
contento & raßettato i suoi agricoltori, staua aspettando no
uella del Cardo : il quale eßendo in Cielo, & veduto dar

insegnarci quella che è vota di pazzie, noi ci verremo molto volontieri; quanto d'andar per quell'altra non ci piace il viaggio. Difficile sarà disse la Fantasia, che noi vi guidiamo rettamente come siamo vniti con vui; pure per esser persone d'alto vedere, & che desiderate honore : Tosto venite (che si farà il possibile) & rinuolgeteui in compagnia nostra in questa nube, che dall'Elemento caldo & dal freddo ui difenderà; & ne giremo in Cielo.

Egli è forza di frametter qualche piaceuolezza. Subito la nube volò alto & non si tosto furono in Cielo che nel modo che soglion fare i fanciulli & le Donne, corsero alla volta di costoro (per hauer vedute quelle frutte) Madonna Venere, & Messer Ganimede. Il Carota vedendola prepararsi il grembo per riceuerle gli gettò tutto quel che la volse inanzi, con dire la mi farà fauore. Mona Luna si trouò in quel punto accompagnata con lei, & veduto torgli ogni cosa per se, gli diede la volta la solora & andossene. Domandaron ben doue l'era ita, ma l'Intelletto rispose loro come l'haueua da far mille faccende, come sarebbe due volte il giorno gonfiar il mar d'India & di Persia. Il Zoppo disse qui, io son pure stato nel mare da Pisa, & di Genoua, & non fanno già questi gonfiamenti: O di cotesti, disse l'Academico Vignaiuolo; la non se n'impaccia, quando la saglie a gli archi d'Orizonte, debbe far crescere, disse il Romeo, & quando tocca quegli del Meridiano scemare. ma seguitate, Ganimede, che fece? Era a torno al Radice, (secondo che dissero) & si faceua dar delle Nespole, Pesche, & altri frutti. Tanto che ogni cosa insino alle Mele, andò a sacco. La Signoria di Gioue, la riuerenza di Messer Mercurio, con quei Saturni agiati, fattisi inanzi & veduti costoro, gli fecero entrare in collegio doue gl'Imbasciadori cominciarono vna strenua diceria. & quando ei furono per dire; Ecco il presente che Priapo Dio in terra de nostri horti, manda alle Signorie vostre, e non ci trouaron nulla nel panieri. Et già n'era ito il fumo al naso di Gioue. Il quale mezzo geloso della sua bella Venere & di Ganimede suo pincerna; entrato mezzo in bizzaria non volle stare a vdirgli, & subito ali prese per i capelli, & per vna buca gli gittò a terra del suo Cielo nel loro horto, & conuertirgli in due barbe, & secondo che il Carota era prima bianco, lo fece diuentar rosso, accioche sempre e si vergognasse: & lo ficcò sotto terra con ordine che sempre crescesse al disotto, come le Zucche in pergola: ne mai si potesse leuar sopra terra senza qualche aiuto: & gli pose nome GNIFFEGNER & il Radice per essersi troppo dimesticato lo fece nericcio

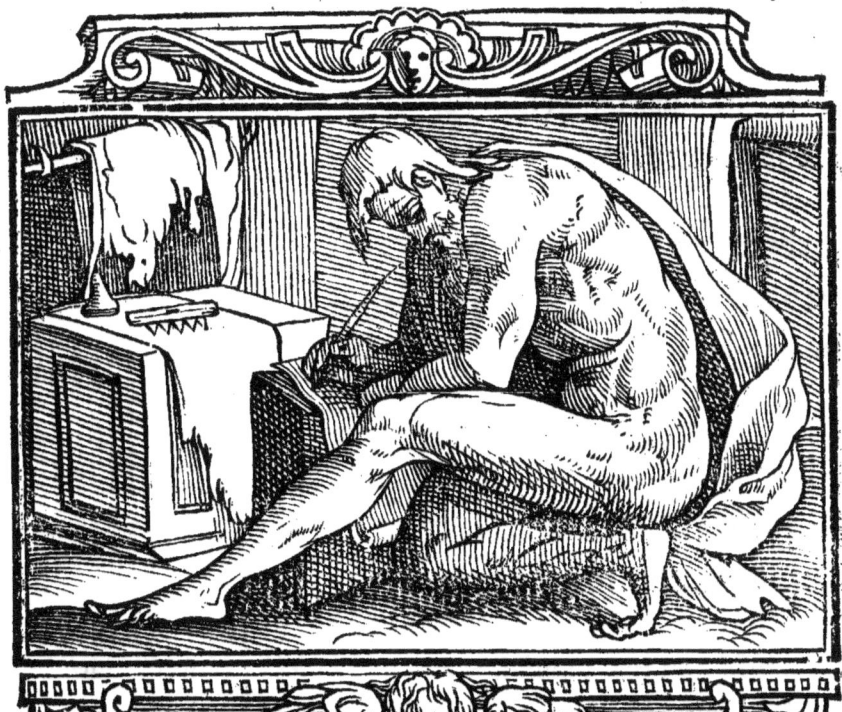

Che i fichi, quando son colti, non gettino mai quella goc=
ciola bianca di latificcio.

Che nel voltar della Luna ò al tondo i fichi non si conturbino.

Che chi mangia fichi inanzi che fien maturi, se gli scorti=
chino le labbra.

Ogni persona che hauesse vn pedal d'vn bel fico, & mangian
done il suo bisogno, egli non ne voglia poi esser liberale a
gli altri, di quel che gli auanza: mangiar g.. ne possino
i beccafichi.

Che i fichi si portino scoperti, quei che mandono a donar le
monache.

Chi è goloso et mangi de fichi guasti, riscaldati, o mucidi, si poßi pelar subito senza hauer un riparo al mondo.

Chi faceßi munition di fichi per metterne carestia : se gli poßino marcire in casa.

Vn che steßi infine di morte per volontà d'un fico ; che'l padron dell'horto non gne ne poßi negare vna corpacciata, con licenza del medico.

Che fichi non inuecchino mai da qui inanzi.

Che i pidocchi, o quelli animaluzzi che fanno non naschino mai piu in torno a quel frutto.

Che i fichi non sien piantati mai piu in boschi, o luoghi saluatichi, in pantani, o paesi, sterili, ombrosi & scuri.

Che i fichi fiori non ne mangino mai piu gente plebea.

Che chi guasta vn pedal di fico giouane, o lo rompa, o stianti perda la vista de gli occhi.

Chi annesta Pesco, o altro frutto sopra il fico, che se gli secchi la marza.

Chi batte i fichi con bastoni o altra cosa, come se fossero noci, gli caschino i bracci.

Che i fichi secchi, vecchi, in tarlati, o corrotti, sien banditi.

Che per caldo, o pioggia per grande che la sia, i fichi non patischino ne si putrefaccino, ne putino.

PICCOLO. 16

Che si spenga il seme de fichi Nani.

Non legger piu che io non facessi come Crisippo che scoppiò della risa per veder mangiar de fichi a vn'asino.

S'IO t'ho a dire il vero ; Hortolano mio valente , per conto nessuno io non entrerei in coteste baie ; ma chiederei buono stomaco da smaltire , & buon gusto , cio è che ogni cosa ti piacesse : perche tu pigli la strada dell'Impossibile ; il mondo fa a modo del tempo : & il tempo tu vedrai che figura egli è.

Era il Tempo vn'huomo grande oltra misura in maestà con vna faccia di tre maniere, la fronte & gli occhi di mezza età , la bocca & le guancie giouani , et la barba da vecchio teneua tre grandißimi specchi dinanzi al volto & hor miraua l'vno, & hora l'altro; & secondo che vedeua in essi si mutaua in vista, hor lieta, hora mediocre, & hor dolente, haueua il Pianto dal sinistro lato, & la Letitia dal destro.

Vestiua d'vn colore, che io nol potei mai giudicare, anchora che molto il riguardassi, di che maniera io lo douessi chiamare. Intorno al triompho viddi vna moltitudine di serui suoi; vidi il Giorno, & la Notte, i quali haueuano l'Aurora lor figlia; in mezo viddi l'Hora, & il Punto, lor serui, la Pace, la Guerra, l'Abondanza, la Carestia, la Vita, la Morte, la Ricchezza, la Pouertà, il Furore, l'Odio, l'Amore; & altri potentati: i quali sempre riguardauano nel suo volto: & secondo che si consigliaua con la Letitia, & co'l Pianto; vbidiuano a suoi cenni, & hor mandauano in terra questa, o quella potenza; A piedi della Maestà sua sedeua il Fato con vn libro inanzi, doue la Fortuna, & la Sorte teneua continuamente voltato le carte; & secondo che piaceua a l'vna & l'altra Donna, lo squadernaua, hora volgendo dieci, hora venti, hor cento, hor vna, & hor mille carte; & il tempo faceua scriuere al Fato tutto quel che gli haueua determinato; & comandaua a quattro personaggi che essequissero le sue ordinationi; Primauera, State, Autunno, & Verno, questi al Giorno, o la Notte; il Giorno a l'Hora, e l'hora al Punto. Il Punto poi si menaua dietro in terra, hora questa potenza, & hor quell'altra; così gouernauano il Mondo, i Cieli & tutto. veniuano spesso messaggieri al Giorno et alla Notte, con dire; il tal fà la tal fortezza contra al Tempo; il quale fa la tale statua; quell'altro ha cóposto vn libro per esser Signor del Tempo; & quando il Tempo sentiua

questo

questo, riguardaua nelli specchi che gli teneua la Verità; et se ne rideua, & faceua scriuere al Fato l'animo suo; o daua l'autorità alla Fortuna. ond'ella pigliatosi piacere vn pezzo di simil nouelle, le largiua in mano, hora al fuoco, hor alla Guerra; o le riponeua a piedi del Tempo, che subito che l'erano posate, non se ne vedeua vestigio, ne sentiua nome.

IN questo ragionamento, quasi non se n'accorgendo alcuno, si leuarono diuersi venti, quali essendo ciascuno oltre modo impetuoso, si faticaron la Naue, che per perduti i poueri Peregrini, uiandanti, mercanti, & passaggieri, si tennero; & per morti. segui adunque tanto il tempestoso uento

che faceua i mari altissimi; la naue con grandissimo impeto all'improuista percosse in vno scoglio, & sdrucita da Proda a Pope tutta s'aperse, onde

ciascuno dato in vn subito mano ad alcune tauole, casse e altre cose di qual
che solleuamento si lasciarono in arbitrio del mare , quello che seguirà di
questi Peregrini piu inanzi ne ragionerò; perche quell'altra parte che restò
nella Città voglion fare vna comparatione fra il Mondo piccolo, & il
Mondo grande : lasciando adunque costoro nell'arbitrio della Fortuna vdi
remo del Risoluto, & del Dubbioso i loro ragionamenti.

COMPARATIONI
DAL PICCOLO, AL GRAN MONDO.

QVEL CHE PIV MI MOLESTA

ASCONDO ET TACCIO.

DEL DVBBIOSO, ET DELLO SBANDITO
ACADEMICI PEREGRINI.

RAGIONAMENTO PRIMO.

S'IO ESCA
VIVO

DE' DVBBIOSI
SCOGLI

ET ARRIVI IL MIO
ESSILIO

AD VN BEL
FINE.

MONDO SBANDITO, ET DVBBIOSO.

IA son molti anni ch'io trauaglio la mia vita per il mondo, & da che l'anima mia fu sbandita dal Cielo, per il tempo che ha ordinato il Magno Dio, et ch'io peregrino in questo mondo: sempre sono ito pensando che'l Mondo, è partito giustamente. & che quel prouerbio che dice, ogni ritto ha il suo rouescio fu vero: & considero anchora quanta sia la nostra infelicità.

Dub. Io sono stato anchora molte volte in dubbio se fosse stato meglio essere animale senza ragione, o con ragione: poi mi son risoluto con ragione. Prima perche cosi è la verità, poi per vnirmi con tutti i sapienti del mondo. Vltimamente perche mi son trouato in opera a vedere che questo stato nostro è assai migliore. Conciosia che l'Intelletto che Iddio ci ha donato è vna perfetta cosa: ma come chiami tu il Mondo partito giustamente?

sba. Par veramente cosa molto nuoua da dire che'l Mondo sia partito eguale, ma uoi vdirete l'opinion mia, circa questo, se mi dimandate.

Dub. Non hauendo cosa alcuna, & gli altri hauendone molte non mi par diuiso già ben questa, molti vanno a cauallo, & io a piedi; questa non istà anchora a mio modo: i danari sono in gran quantità nelle borse d'altri, et nella mia scarsella, non apparisce segno alcun di moneta: come s'acconcerà quest'altra? Colui veste atillato, riccamente, & di nobil drappo, & io con vna gabbanella mi cuopro la vita, alla risolutione ti voglio: a uoler por la bilancia pari, poi alla fine bisognerebbe essere vn pezzo Cauallo vn pezzo Bue, vn pezzo Castrone, altrettanto Pec..., Elefante, & vn pezzo Huomo, a che siamo?

sba. A vna a vna volano le nostre hore, à passo à passo andiamo lontani, à parola à parola si scriuono di gran libri, & io a cosa per cosa risponderò. Bisogna che voi mi facciate buono che tutta la carne sia vna maßa verbi gratia. Iddio prese vn pezzo di terra e fece vn capo, vn collo vn busto due braccia, due mani, vn corpo, due gābe, et due piedi, fece oßa, sangue, nerui, et carne di quella terra. Egli è forza che questa maßa di terra foße tutta d'vna virtù, & tutta vnita di vn sapore, & per la sua mano fu fatta morbida al toccare, & al vedere bellißima. & che da questa sien poi formate tutte l'altre : parlo della carne, & non dello spirito.

Dub. Con questo ordine tu mi vuoi fare eguale tutti gli huomini, & pure Iddio gli ha distinti, eleggendo questo, facendolo piu grande de gli altri &c.

Sba. Io non sono anchora alle cose di Theologia, & di fede, io sono a quelle pure, semplici, naturali, & morte.

Dub. Hora dì, che io ti starò ascoltare.

Sba. Il nascere (per mostrarti prima vn'equalità) mi par tutto vno, & il morire similmente. tutto a vno modo ha l'entrata di questo mondo, & l'vscita anchora non parlo dell'artifitio che hanno trouato gli huomini per darsi fine l'vno all'altro. ma naturalmente dell'esito dello spirito di questo corpo & dell'entrar in questa vita.

Dub. Questa è chiara che tutti habbiamo vna medesima strada.

Sba. Quando noi siamo nati non c'è alcun di noi che porti casa adoßo come fanno le testuggini, o le chiocciole; ma le ci son lasciate da i nostri, che gli altri inanzi a loro hanno fatte, o trouate; come coloro che sono stati i primi a venire al mondo, & l'hanno veduto voto di gente, & si son presi quanto hanno potuto tenere. Questa per la prima ha il suo contrapeso che neßuno si contenta di tanto quanto ha, & se voi gli deste tutto il mondo, mai si satia, come colui che era (inanzi che foßi) vnito a tutta questa maßa, & era tutto : onde non si quieta se egli non s'vnisce a tutto il corpo. Io ho vna sol casa, & di quella pago vn tanto; questa mi da vn solo affanno, pensiero, et noia, (il pagare) et al padrone gne ne da parecchi, che la non rouini, d'esser pagato (che non è poco fastidio il riscuotere) di difendermela, di conseruarla à se, et insino quando e muore quelle benedette case gli son nel capo; a chi le debbe dare; Il pagamento che io fo lo cauo da questo et da quello, perche non c'è huomo al mondo che posti dir questo è mio; anzi il mondo è come vn baratto, che si fanno gli huomini l'vno all'altro. Togli dice colui eccoti del grano, l'altro dice eccoti i dinari, porta a vn'altro i dinari, e ti da del vino; colui dal vino gli porta à vn'altro, che gli da del panno; così i danari per esser piu commodi corrono equale à tutti i baratti.

Dub. Io conosco certi; detti mercanti; ma il lor nome vero starebbe bene a dir gli Trauaglini, o Trappolini; barattano danari, con oro, con argenti, con monete, & trappolando gli fanno moltiplicare. & in quello, che eglino la trauagliano, stanno tutta la vita loro in vn botteghino di due braccia, et quiui son destinati dal Cielo, onde sono come in vna carcere, assetati di rapire a questo & quello, si rompono il ceruello nel moltiplicare; partire, sommare, & sottrarre, & alla fine tutto si fa per viuere & vestire, percioche ad altro non ci seruono le cose del mondo, che per questo. se bene il thesoro fosse alto come le montagne, & dal mangiare & vestirsi in fuori tu sei depositario per vn tempo del resto, & distributore a questo et a quello contro alla tua volontà. & dopo molti anni, a Dio; & pianta là ogni cosa, lasciando il tuo trauagliato ufiuo a vn'altro. hor seguita che questo ragionamento mi ua.

Sba. Sommamente mi piacciono coloro che trouandosi nudi, et crudi che si danno a essere ritrouatori di qualche arte utile, o comoda all'huomo; et mi piaccion tanto quanto mi dispiacciono alcune inuentioni da balocchi dannose a i costumi, all'honestà, et alla uirtù, come coloro che si son trouati nascere et non ritrouar nulla per loro: pure c'è una regola generale che
non falla

non falla che chi ha, dà a chi non ha; o per vna via o per vn'
altra. Grandißima stoltitia è quella di coloro, che ritrouandosi
vna caßa di ducati, vna großa entrata ferma; e mai non si ca=
uono vna voglia, ne vn desiderio ò piacere, di quelle cose che
vsono gli altri, & che dà il mondo.

Dub. Se colui si contenta nella sua auaritia, e dispiace a se medesimo spendendo, non
fa egli bene a contentarsi?

sba. Egli si contenta perche non ha prouato altro contento, come lo
vccellino che è stato alleuato & è cresciuto in gabbia, al quale
dandogli libertà di volare, non sà, & si ritorna alle gretole.
& pure la libertà è migliore; il tenere serrati i danari soprabon=
danti, per lasciarli godere a gli altri non mi par troppa sapieza.

Dub. Ordinariamente i vecchi fanno questo, percioche hauendo prouato il mondo &
patito molte volte, credendo che manchi l'Oro accumulano, ò veramente
raffreddandosi i sangui perdano l'animo, & diuentano timidi: cosi l'auaritia
gli assalisce.

sba. Questa non mi piace, anzi è come ho detto che la va partita
eguale l'huomo vn tempo consuma, & vn tempo fa robba, che
cosi è stabilito & ordinato dal Cielo, accioche chi ci nasce,
che non sa farla, ne può, troui della fatta & se ne serua a cre
scere per farne dell'altra, a render quella che egli ha consumata.

Dub. Molti consumano, & non guadagnano.

sba. Et molti guadagnano piu che non consumano, onde ci sono d'o=
gni sorte genti, s'egli stessi a me gli otiosi per la fede mia non
istarebbono al mondo, perche vorrei che ogni persona mangiaßi
il pane del suo sudore: & faceßi vtile all'altro huomo, come
quell'altro fa vtile a lui. Io non hebbi mai seruitore, che non
foßi la sua parte padrone, pure era forza che io aspettaßi che
si leuaßi, per leuarmi; che desinaße per accompagnarmi, lo
pasceuo lo pagauo, & perche? per andare io inanzi, & egli
mi veniße dietro tutto il giorno in quà & là aggirandomi; tan=

F

to che considerato il grado suo, & il mio e toccaua a me a esser piu seruitor che padrone.

Dub. Anchor questa cosa mi piace, che per la mia fede si rinega il battesimo con i seruitori, & pochi se ne troua de buoni, talmente che egli si dura manco fatica taluolta a far da se, che comandare: di via.

Sba. Queste paion sofisterie, & nouelle; & son piu che verità. Ditemi; per quella poca commodità d'andare due hore del giorno a spasso a cauallo, quanta spesa di tempo, quanto disturbo d'huomini, & quante male spese hore ci vanno? Quanti vengano storpiati da i calci, da morsi, quante gambe et bracci rotti, per esser gettati per terra da cauaili, quanti s'amazzano cadendo a terra? onde bilanciando tutti i disturbi & tutti i diletti ci sarà che fare; oltre che mille piaceri non vagliono un tormento.

Dub. Non mi piacquero mai Cauali bestiali, ne in tanto numero, tanto piu che non se ne caualca piu che uno alla volta. Io ho ben conosciuto tale che sarebbe piu tosto andato a piedi, che s'ha rotto il collo per andare a cauallo, non ridere che l'è vera.

Sba. De danari; bisognerebbe che gli haueßero mille priuilegi, come sarebbe a dire che non poteßero esser rubati, per la prima; che i Principi non te gli faceßero a tuo dispetto sborsare, le comunità, & i pagamenti ordinarij & straordinarij. Ma se non foßero queste biette che si ficcano di quà & di là; la cosa non si partirebbe per il mezzo, le voglie strauaganti che vengono a i ricchi quante sono? & le trappole che son tese adosso loro per cauargli a loro della cassa, paßano il numero infinito. Per hauere aßai thesoro, per hauer danari in scrigno, per hauerli in borsa, non sono tutto il giorno amazzati gli huomini? con veleni con coltello, & altre trappole, accio che la cosa sia diuisa a punto, parte buon tempo, & parte cattiuo, un pezzo riso, et un altro pezzo pianto, & che i dinari vadino a proceßione.

Dub. Mille essempi ci sarebbono da dire; che tu mi fai ricordare di coteste cose in effetto tu vai moralmente, & se bene tu non mi fai quei preambuli, distintioni, & logicali argomenti, io conosco che tu tocchi certi passi da valent'huomo, del vestire bene l'è pure una braua impresa pare a me, & chi non veste bene, non è conosciuto per grand'huomo.

sba. Io non so come si faccino gli altri, ma per me ne patisco un grande affanno, conciosia cosa che il farmi insaccare nel tirar su le calze nuoue mi tritano l'ossa, lo stare stringato mi rompe la vita; & il mutar panni due e tre volte il giorno, per parer ricco & galante, mi somiglia un purgatorio; sempre sono sì stretto in cintura che io scoppio; & alla gola sì affibbiato ch'io son sempre rosso, & ho una guerra continua con i bottoni; che maladetta sia l'usanza; quando gli stiualetti mi trauagliassino anchora, stretti calzanti; & che io straccassi due famigli il dì & due calzatoie per le scarpe, non sarebbe cosa nuoua, poi alla fine la plebe amira un'huomo uestito pomposo.

Dub. In fine la via del mezzo è sempre buona, & tutti gli estremi son vitiosi, andremo adunque per il mezzo.

sba. Massimo quando u'è gran fango, le bestie vanno per il mezzo della uia. Io dico che ogni ritto ha il suo rouescio, poca robba pochi affanni, manco grandezza piccoli fastidij. La Natura si contenta di poco, & il contentarsi di poco, è un boccone non conosciuto, sì come il desiderare assai & non l'hauere, e uno strano conuito. Se noi viuessimo secondo la natura, non saremmo mai poueri. Quanti huomini s'affaticano per dar mangiare a un solo? & quanti Signori mangiano con piu fastidio & nausa che diletto & piacere? sempre temendo della vita, & pascon mille volte una bestia, per una sola che la debbe pascer loro.

Dub. Gran trauaglio ha questo corpo, tra l'appetito della gola, il desiderio dell'hauere, la necessità della natura, & l'opinione generale, una non si satia mai, l'altro non vi s'aggiugne, quella non si può sodisfare, & l'altra contentare

F ii

mai: io non so il piu bel combattimento d'Elementi.

sba. Il mondo trauaglia anchor lui, con la Primauera, la State, l'Autunno, & l'Inuerno, che si danno la caccia l'uno a l'altro, quali son quelle cose nel mondo che non sieno nell'huomo.

Dub. I fiumi, non ci sono altrimenti?
sba. Le vene de sangui.
Dub. Stà bene: ma il Mare?
sba. Il Fegato.
Dub. Il flusso & reflusso che cresce & scema?
sba. Lo stomaco, che s'empie & vota.
Dub. I venti freddi & caldi?
sba. Il fiato dell'huomo, che fece già correr quel satiro, il qual vedendo scaldarsi con l'alito le mani, & poi con il soffio freddare il cibo, fuggì dall'huomo dicendo, tu debb'essere qualche

bestial cosa, poi che tu hai in corpo il freddo & il caldo
a tua posta.

Dub. I Marmi candidi che si cauano del Mondo?

sba. Sono i denti, & l'infirmità che ha l'huomo; l'ha anchora il
mondo, quando l'aere è corrotto.

Dub. Le Selue, & i Boschi?

sba. Capelli, peli, in diuerse parti del corpo nati & cresciuti; &
tagliali, rimettono, onde si può dir che sieno, le boscaglie,
& le selue.

Dub. Le Pietre?

sba. Se ne generano nelle rene, & nella visica come si sà: & del
Sole & della Luna, & de gli altri segni celesti che son nel
nostro capo, il Romeo pienamentene n'ha fauellato di sopra.

Dub. Le Fontane & la pioggia.

sba. Il piangere, & il sudare si apropriano a questo. & le vene
della terra d'oro, d'argento, di rame, et di zolfo, non sono
in noi? orecchia, naso, eccetera, et generiamo infiniti animali anchora noi, di dentro et di fuori.

Dub. Sta bene ma il mondo grande fa de i terremuoti, & rouina Città & case, che
l'huomo non lo puo fare.

sba. Tutto fa l'huomo, & quello che la natura non fa, o non può
fare; l'arte o la malitia dell'huomo ve l'ha aggiunto. I terremuoti, son certi raccapricciamenti, de febbri, certi furie colle-
riche che amazzano gli altri huomini, questo, e vn terremoto bestiale anchor lui.

Dub. L'huomo ha la lingua, & il mondo non l'ha: il mondo ha la Saetta, &
l'huomo no.

sba. I libri son la lingua del mondo, et le historie. et perche la saetta, che rouina le torri fa piu effetti; il baleno, il tuono, il
puzzo, & il colpo. gli huomini ci sono posti al paragone, et
non potendo fare tali effetti naturalmente, hanno tolto per mae-

stra l'arte, et hanno formato l'Artellaria, la quale nel trarre, puzza, fa il lampo, il tuono, et colpisce, rouinando ogni grande edifitio. Talmente che io credo che quando Gioue vdì il primo scoppio della bombarda, che egli hauesse paura, & che temesse, che gli Huomini non uolessero fulminare a concorrenza, disse bene il PAZZO Academico nostro, che essendo vna volta in naue, le nube, la saetta & il tuono gli hauerebbon affondata la naue con quelle folate de venti bestiali, ma che sparando i cannoni all'aere, et scaricando le piu grosse bombarde che gli hauessero; ruppero que folti nugoloni, onde il picciol mondo combatteua all'hora con il grande, et vna naue che non haueua munitione ne artelleria grossa, fu tuffata, sotto con quella subita furia che un'huomo affonderebbe un guscio di noce in un uaso d'acqua con la mano, & e un grande stupore il uedere un mare infuriato con una notte scura et tempestosa.

Dub. Gran trauaglio facciamo certamente per viuere; & tutto il tempo della nostra vita accumuliamo thesoro, & ponendolo sopra d'vn nauilio, con vno de' nostri figliuoli, credendoci in vn viaggio arricchire, perdiamo l'herede con la roba & il thesoro insieme.

Sba. Il trauagliar nostro si grande, non è per uiuere; egli è per uolere dominare la uita, la roba, et signoreggiar gli altri huomini, et per uoler sodisfare all'apetito humano, il qual non si satia mai: benedetto sia Crate philosopho che fece gettare in mare tutti i suoi danari, come colui che sapeua douersene loro fuggire et si contentaua di poco.

Dub. Quella Figura dell'EVROPA fu vna bella inuentione, a mostrar che una gran parte della terra staua in forma di corpo humano; sì vi si vede ordinato bene membro per membro, prouincia per prouincia, regno per regno, et ogni cosa si ben distinto.

Sba. Se uoi sapeste il misterio che u'è ascoso dentro uoi stupireste.

Dub. *Io non credo che colui volesse dir altro, se non mostrare il suo ingegno di cauar quella figura che hauesse forma humana di terra, se tu altrimenti l'intendi, d'vdirlo n'hauro gran piacere.*

sba. *Non mi par nuoua cosa figurare sopra la terra un corpo humano, perche la nè riceue tanti, che la puo ben mostrarne una stãpa, oltre a questo la prima forma d'huomo fu di terra; ma vdirete che nuoua cosa io dirò, non sapendo l'intentione di colui che l'ha fatta, ma imagino questa spositione per hauer fantasticato più uolte a che fine l'era in quella forma disegnata.*

MONDO

Christianus Vuechellus candido lectori. S.

Quæ vix alij integris voluminibus de Europa comprehendere potuerunt candide lector, omnia in hac breui tabula ante oculos subiecta vides, tanta perspicuitate profecto atq; iudicio, vt nec Monius, opinor, hic capere aliquid audeat. Hic tabulam Ioanne Bucius Aenicola nobis dedit, vir in disciplina Cosmographica, vt interim omittuntur, mirificem exercitatus, cuius inferius subscribere carui nec quoq; placuit, ne in aliquo illum suo defraudemus honore, quot iam a quibusdam factum videtur, qui authoris expuncto nomine suum supponere ausi sunt, ac Versus illius pulcherimos pro recognoscendi speciem alicubi mutare si superis placet. Nobis sanæ non libeat à istum recognoscere modo. Vale.

ALLEGORIA SOPRA LA FIGVRA DELL'EVROPA.

RAGIONAMENTO II.

COPIA PER MOSTRARE LA INTENTIONE DELL'AVTORE CAVATA DALLA PROPRIA CARTA STAMPATA.

NON È *marauiglia taluolta se noi veggiamo fare de comenti sopra certe opere, da alcuni galanti intelletti, & far delle espositioni belle et buone; forse lontane da i concetti de gli autori* (Dio uoglia *che io sia da tanto che io facci cosa che vaglia*) *perche tal sa far la* Historia, *che non sa dargli l'allegoria, ne chiosarla di quella sorte che farà vno che uada lambiccandosi il ceruello.* Io so tanto di Cosmographia quanto la Cosmographia sa di me; pur me, pur mi diletta perdere il tempo ad andar per diuersi paesi con la fantasia, Io leggo poi i costumi di quei popoli & le croniche de fatti loro, et mi pasco di mille belle cose la memoria. Io viddi adunque questa EVROPA, et mi parue che la Spagna fosse a proposito situata per esser l'Imperio il Principale Capitano a difendere la Christiana Religione, et tutti quei Reami di Granata, Toleto, Castiglia, Galitia &c. diuoti alla Santa Chiesa fanno al capo d'Hispagna una bella Corona Imperiale, con la bellezza delle gote del Regno d'Aragona, et di Nauarra.

Dub. Tu la sei bene andata considerando apunto.

Sba. Vn bel vezzo di perle gli adornano il collo, per i monti Pirenei.

Dub. Et la Francia viene apunto vuoi dir tu al petto.

Sba. L'è stata posta ben dalla Natura, perche i Franciosi son certe persone sincere, mirabili et reali, che amano realmente, et quello che gli hanno nel petto, hanno su la lingua; si come l'Imperadore ha intelletto, virtù & grandezza nella sua coronata et honorata testa.

Dub. Piacemi questa prima entrata, a lodare due gran potenze mirabili.

Sba. Dal sinistro braccio da quella parte del cuore son quei gran potentati, quei elettori dell'Imperio, et però con ragione e stato posto in quella mano dell'Europa lo scettro; et la Boemia gli viene nel cuore, quasi che il capo & il cuore, sieno il seggio dell'anima di questa fabrica dell'huomo.

Dub. Dilettami d'udire questo modo nuouo di comentar Cosmographie.

Sba. Il braccio destro è la Italia; & la spalla, la Lombardia; che porta molto peso, & pare che questa commessura del braccio quando la patisce che non stia troppo bene tutto il resto; anchora lo Stato di Milano è la chiaue d'Italia, per quella via si scende per tutto questo braccio. Nel mezzo delquale doue è la

G

vena maeſtra, poſa Roma. Vedete quanto ſtia bene ſituata Roma in quel luogo, perche la vena maeſtra del braccio, riſponde per tutte le vene; et il corpo noſtro per la virtù del ſalaſſo, riceue d'infinite graui malatie, la ſanità. Anchora la Chieſa, ſana la infirmità de peccati; per queſto corpo comeſſi: et l'autorità del noſtro Pontefice Maſſimo, ſi dilata per tutti ì Regni, Stati, Prouincie et Città.

Dub. Queſte ſon coſe veramente nuoue non piu dette, lequali ſon molto dilettevoli.

sba. Il braccio deſtro con la ſua mano corona la teſta ſempremai, et ci interuiene l'aiuto del ſiniſtro anchora; da vn canto ſon gli Elettori, et da l'altro il Papa, che incorona l'Imperatore, anzi non pare che ſia vero Imperio ſe dalla ſanta Romana ſedia non viene incoronato.

Dub. Io per me credo che il Coſmografo non penſaſſi tanto inanzi, chi vdiſſi queſte ragioni, dubiterebbe che la foſſe diſegnata per coteſta dimoſtratione.

sba. Vinegia, ſta ben poſta ſotto il braccio, percioche è in luogo ſicuro, et è Regina del Mare, vnita con il braccio nel piu mirabile, & eccellentiſſimo luogo che ſia.

Dub. Et la Sicilia?

sba. La Sicilia è vn mondo in forma di palla, et è in mano allo Stato di Napoli, come quel Regno che fa della Sicilia a ſuo modo. Il braccio adunque da aiuto a tutto il corpo, ſi come l'Italia da aiuto a tutti i Regni; et è ſtato ben ſituato dalla natura, perche ha ſignoreggiato queſto braccio tutto il mondo, et difeſo; ſi come il braccio dell'huomo difende tutto il corpo da chi lo voleſſe offendere.

Dub. Gran contento m'ha dato queſta vltima interpretatione vedendo che Roma ha ſignoreggiato il Mondo, & certo la fu fondata con vna coſtellatione mirabile, perche la domina anchor hora tutto il Mondo; & non potendo temporalmente; ella ha il braccio ſpirituale, coſa diuina certo & non humana.

sba. Il reſto del corpo ſi va poi dilatando et ampliando in quei gran

Regni della Polonia, della Dalmatia, Boſſina; diſtenden
doſi nella Lituania da un canto, dall'altro nell'Albania,
l'Epiro, Grecia, Teſaglia, Macedonia, Tracia, et in=
ſino a monti Riphei. La Valachia et la Bulgaria ſono i
piedi. Non reſterò di dire che in queſta parte è l'Oriente;
il Sole leuandoſi da queſta parte, et ponendoſi dalla parte del
capo, che è l'Occaſo; viene a dire che il Sol della vera leg=
ge ſi lieua di là, et ſi pone nella Corona dell'Imperio, come
capo della Chriſtianità. Il mezzo giorno, uiene dalla parte
d'Italia, doue poſa la Santa chieſa, mezo a ſalire al Cielo
perfettiſſimo. Il Settentrione viene dall'altra parte, doue alcu
ne volte ſono ſuſcitate coſe contrarie per alcuni tempi al mez=
zo giorno, ſecondo che ſi ritroua ſcritto in diuerſe hiſtorie.

Dub. Io guardo che queſto Huomo Picciol Mondo, fa di mirabil coſe, opera Diui:
namente & partoriſce induſtrioſi effetti eccellentiſſimi. Percioche io veggo
l'huomo hauere nel Cielo del ſuo capo quello Spirito di Dio, che fa che egli
opera poi tutte le coſe con i membri del corpo, ſi come il Maſſimo & Omni:
potente Creatore dal ſuperno ſeggio infonde la gratia ſua a queſto Mondo
grande che genera ſi miracoloſe & ottime coſe.

Sba. La noſtra età moſtra eſſer tutte le ſcienze quaſi a perfettione, et
io del mio tempo ho veduto & veggio huomini Diuini, ma
l'età del gran Mondo, fa anchora ella, come l'età del Picciol
Mondo. In quei primi primi ſecoli, ſi viueua alla sbracca=
ta, ſenza che ci entraſſe la vergogna fra noi, a romperci il ca
po, paſſauamo le giornate ſenza penſieri, facendo proprio co=
me i bambini, che non ſi curano di moſtrare cio che gli hanno
& di dormire alla ſcoperta, perche la purità era in caſa, & la
vergogna fuori; hora non c'è caſa che non habbi dentro la Ver=
gogna, & la Purità ſtà di fuori. Il guerreggiare ſimilmente
era vn giuoco da bambini anticamente con i baſtoni, con le ba=

lestre, & altri modi semplici, cosi d'età in età il mondo ha es=
sercitato l'armi si come s'essercita vn'huomo, quando e' alla
fine l'huomo che egli inuecchia, adopera l'ingegno, & non la
forza: anchora il Mondo, non và piu con quelle furie, ma
si combatte con assedij, & si sta su la guardia de i forti Ca=
stelli, onde il Mondo se ne và da vecchio, cosi il picciolo &
il gran Mondo si sono vniti insieme, & si fanno honor l'un
l'altro; si fanno vtile, & carezze.

Dub. Questa cosa non ho io vdito mai dire, anzi sempre il Mondo Piccolo dice mal
del Mondo Grande, che gliè questo, che gliè quello, cattiuo, scellerato, ladro
& altri motti bestiali.

Sba. Sì quando l'Huomo non ha da lui ciò che egli vuole; & chi
da il corpo all'huomo?

Dub. Il Mondo.

Sba. Stà bene, anchora il Mondo lo pasce, & gli da thesoro, pos=
sessioni, palazzi, piaceri, & quando ha caldo, lo conforta
con acque fresche, & venti, con frutti, et altre cose: quan=
do ha male, con herbe lo guarisce, quādo ha freddo con il So=
le, & con le legna lo scalda.

Dub. Anchora l'Huomo che è Mondo piccolo, fa delle statue, delle Città, de templi,
torri, campanili, cupole, strade, & piazze per adornarlo.

Sba. Non ui dico io che ogni ritto ha il suo rouescio, l'una mano la=
ua l'altra, & le due lauano il capo, uolete uoi uedere se si uo=
gliano bene, che alla fine questi Mondi s'abbracciano, & si
accompagnano in secula seculorum, & godano unitamente cio
che hanno insieme fatto, fabricato, & posto in opera il gran
Mondo, entra nell'anima del picciol Mondo per cinque por=
te, cioè per i cinque sensi, per la uista entrano i corpi lumi=
nosi superiori, & colorati; per il tatto, i corpi sodi & terre=
stri, per il gusto, le cose d'acqua; per l'vdito quelle d'aere; et

per l'odorato, le vaporate che tengono dell'humido, alcune tengono d'aere, altre di vampa infocata, & altre cose aromatice. La terra adunque corrisponde al tatto, l'acqua al gusto, l'aere all'udito, il fuoco all'odorato; la Quinta essentia, (o uero il corpo) corrisponde all'occhio. et di nuouo si può uedere l'amoreuolezza di questi elementi che si congiungano uolentieri insieme.

Dub. Questa amoreuolezza non mi và; ma dimmi una cosa, insin quì io sto saldo, che'l Mondo Piccolo, & il grande si confaccino insieme, ma una cosa mi guasta.

Sba. Che cosa e ella questa?

Dub. Non son pari in questo, che'l Mondo durerà assai assai; & l'Huomo dura poco.

Sba. Da quì indietro e ben uero, perche l'huomo non si poteua fare lume per infino quanto durerà il Mondo, benche fossi ito trouando le statue, perche le si rompeuano et si consumauano, il fuoco le spezzaua, et non si poteuano rifare; gli scritti anchora non bastauano tanto tempo quanto il Mondo; ne gli Epitaffi, medaglie, piramidi, colossi, mete, sepulcri et altre machine bestiali; percioche i tuoni, il fuoco, le saette, i terremoti, le guerre, le pioggie, il tempo le risolueua. Ma hoggi non e così, perche la stampa e un secolo ritrouato di nuouo, onde no ci staremo quanto l'altro mondo a suo dispetto, et se si finisce un libro, non se ne spengano le migliaia che si stampano. Se'l Mondo non termina tutto a un tratto non e per distruggere tutte le scritture, nelle quali sono le statue, le pitture, i nomi, le famiglie, le Città et ogni nostro atto et sapere, et si vede in disegno i uolti et gli habiti nostri, le nostre ville, gli stromenti delle nostre arti, et tutte le minime et le maggior cose che noi sappiamo dire et fare. Poi ogni hanno, si stampa et ristampa, onde il nostro ritrouato della stampa, e quell'Idra, che taglia togli una testa ne nasceuano sette :

Dub. Che sette, e mi pare che vn libro ne partorisca le migliara.

sba. Tanto meglio.

Dub. Doue volete voi dire che quel Giouanni di Magontia cauasse questo secreto?

sba. Il Mondo grande lo cominciò a destare, perche vedeua ogni anno rifar l'erba il suo seme, et le piante i suo frutti, onde cominciò a lambicarsi il ceruello se si poteuano rifare giouani gli huomini ogni anno anchor loro, et prouò molti guazzabugli, untioni et non gli giouarono: onde si deliberò con il gran numero di scritti far l'effetto: anchor questo non lo contentò.

Dub. Come trouò egli inuentione dello stampare, che dell'altre cose non accade dirmi nulla.

sba. Io mi trouo vn libro scritto in Todesco, il qual dice che essendo questo huomo in questa frenesia, s'abbatè in un certo tempo de l'anno a tagliare un gambo d'una felce, herba nota a tutto il mondo, la qual essendo in succhio, gettaua una cosa uiscosa, per quei segni, et per uedere alcuni segni che ella fa; l'acostò al foglio et rimase improntato, et non uenendo bene alla prima tagliò la seconda uolta piu nettamente, et manco licore ne uenne fuori; cosi sopra un poco di carta n'impresse molte. Questa pania fu cagione di trouare l'inchiostro, et i polzoni della zecca, di far gl'impronti, il gettarle poi conforme, et altre misure gli fu facil cosa, si come e stato dopo lui di trouarne uenticinque et cinquanta per accrescimento dell'arte. diuerse lettere, il tagliare in Pero, in Busso, et in Sorbo.

Dub. Et l'arte del tagliare in Rame è stata mirabile, & viuerà con gli anni dell'Eternità. Ma cotesto Todesco hebbe il ceruello molto sottile.

sba. Chi cerca troua, se quel gambo hauesse gettato per tutto, non era nulla, ma egli s'abbatè che quei segni gemeuano, et il restante era asciutto.

Dub. Forse che la non ha cotesta Natura in tutti i paesi.

sba. Cotesto non so io, basta che l'huomo non ha lasciato cosa da fa=

re per paragonarſi al Mondo grande, per uia dell'arte: et la Natura nell'huomo non ha mancato per la parte ſua. ſarà bene di ripoſarci, et terminare il noſtro ragionamento, il quale noi moſtreremo a gli altri Academici, che ſopra di ciò dichino il lor parere.

Dub. Sarà ben fatto, perche là, noi diſputeremo ſe'l Mondo ha Anima, che fu opinione di Platone.

sba. Si, ma i Theologi et il uero non acconſentono. Si potrà ben moſtrare come l'huomo e il primo ente del Mondo, et la ſua Prudenza, et che uince tutti gli animali nel ſenſo del tatto: et ragionando moſtreremo anchora che noi non erriamo nel poco ne' deſiderij naturali, molte coſe ueramente ci ſarebbono da dire di queſto Huomo Mondo Piccolo, maſſimamente della Nobiltà che egli haueua in ſe, perche nello ſtato dell'Inocenza conoſceua Iddio, d'una cognitione mezza fra quella dello ſtato della Gloria, et della Miſeria: ſi come e il luogo del Paradiſo poſto nel mezzo della Celeſte patria, et della valle de gli Affanni; et ſi come il Paradiſo Terreſtre piu s'accompagna con la terra, con il Cielo; coſi la cognitione di Adamo, ouero il ſuo ſtato d'Inocentia, era piu conforme allo ſtato preſente, che a quello d'auenire: Onde nello ſtato di Gloria, vedeua Iddio immediate nella ſua ſuſtanza, talche non u'era quiui alcuna ſcurità. Nello ſtato ueramente dell'Inocenza et della caduta Natura, uedeua Iddio come in uno ſpecchio chiaro; perche nell'anima non u'era nebbia alcuna di peccato. Poi nell'eſſere della miſeria lo vedeua in uno ſpecchio torbido et ſcuro. Poſe l'Huomo il nome a tutte le coſe, perche ſapeua o conoſceua la natura di quelle, eſſendo in quello ſtato ottimo, et a lui fu dato poteſtà ſopra di quelle.

Dub. O gran misteri sono in noi, & noi attendiamo a ciascuna altar cosa, saluo che conoscere noi medesimi.

sba. Sono gli huomini pari in molte cose a gli angeli, (& in molte inequali) anchora che gli Angeli sien detti intellettuali, & gl' huomini rationali. Ma per non esser per hora piu lungo dirò per risolutione, che si come l'huomo fu fatto per Iddio, accio che lo conoscessi, & conoscendolo, l'amassi; & amandolo, lo seruissi; cosi il Mondo grande fu fatto per l'Huomo, che egli se ne douesse seruire, et che l'Huomo godesse tutte le cose create che ci son dentro.

Dub. DIO per sua bontà ci conserui il Picciol Mondo sempre sano, & in pace il Mondo grande, & all'estremo della vita ci Doni (per sua pietà) & ci fac ci godere il suo regno, che non ha ne termine ne fine.

L'ACADEMIA
PEREGRINA
E I MONDI SOPRA LE MEDAGLIE DEL DONI.

ALLO ILLVSTRISS. ET ECCELLENTISS.
SIGNOR, IL S. PIETRO STROZZI
CONSACRATA.

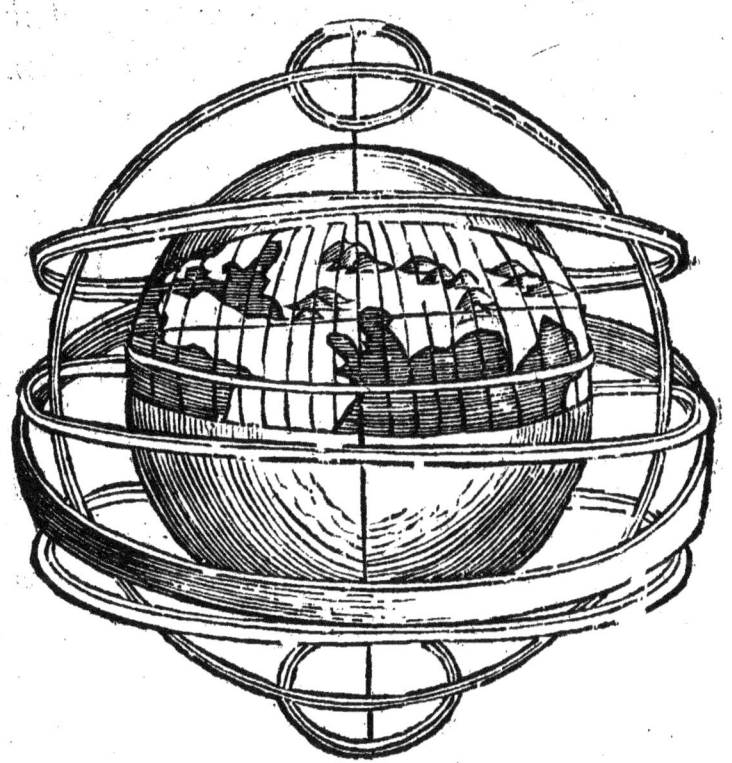

IN VINEGIA, NELL'ACADEMIA P.
M D L I I.

IL SATIO ACADEMICO PEREGRINO
A I LETTORI.

'ESSER questo Mondo, tutto vanità della nostra vista mortale, Desiderio di cose carnali, & Superbia del viuer nostro: non so come sia possibile lodare alcuno atto, impresa, o cosa che ci si facci. Habbiamo poi non vn comandamento, ma infiniti che noi non dobbiamo amare il mondo, ne porre affettione a cosa che ci sia dentro, come cose mortali, caduche, et fragili: percioche passano tutte queste cose, finirà il Mondo, & i desiderij se n'andranno in fumo: però douiamo far la volontà del fattor del mondo che viue in eterno. Coloro che viuono secondo la carne, sanno cose carnali, & quelli che attendono a lo spirito, sentono la virtù mirabile di quello. Il saper le cose humane, l'essere esperto in questa carnale sapienza, non è altro che essersi affaticato in cose della morte, ma l'hauere posto tutto l'intelletto alle cose dello spirito, farà che noi ritroueremo vita & pace. Già è manifesto a ciascuno che la sapienza della carne è di Dio nimica, & queste cose carnali non piacciono al Signore, però viuendo secondo quella morremo, se andremo accompagnandoci con lo Spirito; viueremmo.

Combatte continuamente lo Spirito con la carne, & quello con lo Spirito repugna, onde hanno sempre vna guerra continua; & questa carne di continouo ci conduce in braccio alla morte; Chi ci libererà adunque da questa morte? La gratia del Signore, la qual non fu mai tarda, a soccorrere la miseria della nostra vita: Seguitiamo adunque il Signore, che è somma bontà, contento, & pienezza della Diuinità, nella quale sono tutti i thesori della Scienza, & della Sapienza, sì come nel Mondo Massimo. DIO omnipotente vedrete, & in questo nostro Mondo Grande, seguendo leggerete l'infelicità di questa breue uita, caduca, dubbiosa, misera, & mortale.

MONDO GRANDE
DELL'ACADEMIA PEREGRINA CONSACRATO A MONSIGNOR DE GLI STROZZI REVERENDISS.

IN questo discorso si dimostra l'opinione di molti che hanno ragionato sopra questo MONDO, & s'intende varij casi, accidenti, nouità, ordini, miserie; & piaceri Diuini, & Humani.

OLTE sono state l'opinioni circa questo Mondo Grande, dico di questa macchina, che con i nostri occhi si vede; prima come egli sia stato fatto (quanti ce ne sono) quanto debbi durare, & come si debba risoluere. Fra quella generatione de i Philosophi, non è mancato che habbi detto che ce ne sono

MONDO GRANDE.

infiniti; Talete credette che foße vn solo, & diede la gloria di tanta Fabrica a Dio; Empedocle s'accordò con la sua volontà che foße vn Mondo, ma che questo Mondo era vna picciola parte dell'vniuerso. Democrito, & l'Epicuro, furono di contrario parere, perche credettero che foßero infiniti mondi, & perche le cause sono senza numero, Metrodoro lor discepolo, diße eßer anchora senza numero i Mondi: & piu, diceua fermamente che cosi come sarebbe cosa da pazzi credere che in vn sol campo vna sola spiga di grano nascesse, anchora sarebbe stoltitia a dire che nell'Vniuerso foße vn mondo solo. Della loro eternità, o quanto debba durare questo mondo, Aristotile, & Auerroe dißero che egli era Eterno, & mai non si corromperebbe. Molti altri hanno detto che egli da Dio è stato generato, & che egli debbe hauer fine. Alcuni ticalando anchora, dißero che sempre si genera il Mondo & sempre si corrompe; Felici noi, che siamo venuti a vna età che habbiamo hauuto tanti mirabili & Diuini huomini, che ci hanno risoluto di tanto & sì fatto dubbio: mostrandoci, il mondo eßer da Dio creato, et che nella sua volontà sia determinato che egli habbi, cosi come Principio, Fine. La scrittura pone vna grandißima statua che con la testa toccaua il Cielo, et posaua i piedi in terra. Il suo capo era d'oro, le braccia e'l petto d'argento, il ventre di Rame, et le gambe di ferro, et i piedi di terra. Fu interpetrata questa statua, o per meglio dire fu dichiarato quello che la significaua da Daniello Propheta. Onde diße che quella erano le monarchie del Mondo, la prima Età sarebbe d'oro, et questo fu il Regno de gli Aßiri; La seconda d'Argento, denotando l'Imperio Persiano, il ventre di Metallo, voleua dir quello de i Greci, il resto di ferro et di terra lo stato Romano, vidde adunque il Re Nabuc questa statua, et vidde spiccarsi da vn'alto Monte un picciol sasso che scendendo crebbe in grande altezza, et nel cadere percosse la grande statua et la risolue il poluere. Questo sasso, questa pietra, è interpetrato CHRISTO, il quale sceso dal Monte celeste, ha abbassato tutti i Regni, et risoluti in nulla, così pare che questa sia l'vltima Età; et che poco ci debbi restare di tempo a risoluere questa Mole: essendo passato tutti i Regni, et adempiuto le prophetie: anchora non lo sa nissuno se non il grande Iddio, questo apunto; ma per quanto e si puo conietturando comprendere, noi siamo appresso a questo fine, ogni virtù e al colmo, et ogni vitio all'estremo. Chi vidde mai la Theologia piu eleuata che hoggi? la Philosophia, la Musica, l'Arme, la Scoltura, la Pittura, gli scrittori, l'Eloquentia, et i Fanciulli si tosto essere perfetti, ma vdiremo quel che diranno di questo Mondo, questi due Academici Peregrini.

GRANDE DELLO SVEGLIATO, ET DELLO SELVAGGIO, ACADEMICI PEREGRINI.

QVEL CHE MI MOLESTAVA

ACCENDO ET ARDO

RAGIONAMENTO PRIMO.

SVEGLIANDO GLI ANIMALI

IN OGNI SELVA.

MA PVR SI ASPRE VIE

ET SI SELVAGGIE.

MONDO SVEGLIATO, ET SELVAGGIO.

Sue. BEn che egli sia molti anni ch'io delle cose del mondo, desidero fauellarne come colui che n'ho vna buona parte sperimentate, non m'è venuto commodo, ma poi che voi mi ricercate, vi dirò il parer mio in ogni cosa.

Sel. L'allegoria sopra la Statua di Daniello (che significaua tutte l'età) circa il nostro viuere in questo mondo, come la si potrebbe esporre a proposito?

Sue. Da che la scrittura la dichiara lei, non accade altrimenti che noi le mettiamo bocca; perche troppo sarebbe la nostra lingua arrogante a creder di dar migliore chiarezza di quella del Propheta. Si può bene piamente farli vn'ispositione per ammaestramento del Christiano, & per consideratione di questa miseria del mōdo.

Sel. Questo è quanto io desidero.

Sue. La grande Statua mi pare il Mondo che noi habitiamo, che la alta parte de mortali son chiamati, ricchi, nobili, & potenti.

Sel. Questo s'intende per la testa d'Oro.

Sue. Seguita poi l'Argento, chiaro, sonoro, & lucente per la dottrina de gli huomini, che son da noi chiamati sapienti.

Sel. Piacemi questa allegoria.

Sue. Il Rame sono le arti ritrouate per il commodo del nostro viuere, & tutte l'inuentioni che ci trauagliano la vita; il Ferro si può dir che sieno le nostre cattiue opere, piene di ruggine, i nostri odij del cuore, la durezza del mal fare, & la cattiua vita nostra, la quale è di terra; regge & sopporta tutta questa massa, questa terrena spoglia ha tutto questo carico sopra di se; ma il Signore scenderà dal Cielo; quel sasso picciolo, quella che diuentò si gran pietra; secondo getterà per terra tutti gli stati humani, & giudicherà in quel dì vltimo, l'Oro, l'Argento, & tutto il restante della nostra trauagliata vita.

Sel. Gran diletto mi danno le parole vostre, & considero, che noi terreni, piedi, nudi, bassi, & vili, ci siamo lasciati caricare, dal ferro delle tristitie, che ci fanno arugginir l'Anima, & piu sopra, con il peso de i trauagli mortali, aggrauarci anchora. Ma la dottrina che noi habbiamo imparata è stata sì fatta che l'ha abbracciato tutta questa macchina del Mondo, & fattosi il capo d'oro, credendo con le ricchezze con il thesoro, toccare il Cielo; & con quelle acquistarci in questo stato mondano vn Paradiso, ma la Diuina legge dataci sù'l Monte in tauole di pietra, che d'vno scritto solo se n'è moltiplicati tanti; scendendo per mano di Mosè, ha abattuto i nostri concetti carnali, & spezzata la legge del vano & humano pensiero.

Sue. Questo Mondo pericoloso quanto piu ci accarezza, veramente all'hora c'è molesto, et quando ei ci si mostra piaceuole all'hore è da considerare la suo natura. Impossibile pare a me, non hauer paura, non si dolere, non s'affaticare, & non pericolare in questo Mondo. Vedeua questa statua mondaua quel Re, che allegoricamente significaua, che il Mondo essalterebbe l'Oro, & amerebbelo sopra tutte le cose, dopo questo l'Argento maneggerebbe tutto il mondo, & i Metalli sarebbono il pieno del nostro corpo da darci continuamente il vitto, perche sotto il Rame, Ferro, & altri metalli, caggiono infiniti stromenti posti in vso per l'huomo. alla fine l'amor di Christo ci fa disprezzare & risoluere tutto in terra, la quale è il piede nostro, perche di quella nasciamo, viuiamo, sopra di quella ci sostentiamo, & in quella ritorniamo.

Sel. Quei Santi huomini antichi non apetiuano nulla di questo Mondo, & però non haueuano alcuno tumulto nel cuore che gli tormentasse. Gran cosa è questa che il mondo del continuo ci turba, & noi l'amiamo; hora pensate se ci fosi tranquillo, come noi l'ameremmo. Non si coglie mai fiore del suo giardino, o che non puzzi, o che non punga, & sempre cerchiamo di farne ghirlanda per la nostra testa, o per dare diletto all'odorato nostro vn mazzo. Siamo sempre cupidi di possedere, infiammati del continuo nella Lussuria, stimolati ogni hora

I ii

dall'auaritia, dall'ambitione giorno & notte tormentati, & a ogni punto inui=
luppati nelle faccende de vitij.

Sue. Noi siamo tanto legati (certamente) al mondo terreno che noi non andiamo cercando con i termini naturali, con le ragioni della Pilosophia, & con lo spirito di Dio di leuarci mai dal= l'amor di questa terra, & assotigliare lo spirito a quelle belle cose, degne di consideratione & amiratione. Chi rimirassi il Caos, quella Materia confusa che creò il Magno Iddio, ne la quale era il Cielo & la Terra, gli Angeli, le anime & tut= to insieme: & di quella ne fece tre parti, della prima eccellen= te piu perfetta, egli ne fece gli Angeli, & le Anime, della se= conda parte i Cieli, & dell'vltimo questo mondo.

Sel. Come chi separassi d'vna massa confusa d'Oro, Argento, & Rame; ciascun metallo da se solo.

Sue. Puossi dire anchora gli Angeli, & l'Anime nostre esser il Sole, la luce i Cieli; & il lume la Terra.

Sel. Son tutte belle cose da sapere coteste.

Sue. Et tutte sono state dette, ma non in questo modo. il rimedio a vn male, è bene stato trouato altre volte, ma le compositioni de le cose per medicarlo si fanno differentemente, secondo l'Età dell'Huomo, la complessione, & il tempo. Bisogna acco= modare a i luoghi le cose dette; & che le seruino a quell'effetto che tu le vuoi adoperare; Però l'Industria nostra ha da saper questo se la vuol dire alcuna nuoua inuentione, & bisogna piu dottrine, a fare vn corpo d'vna scienza che sia in tutto capace a vn lettore, perche oltre alla Sapienza bisogna l'Inuentione, la viuacità dello spirito che camini per la lettera, gli ascosti se= creti che si possono in quella considerare, & vn suono di nume= ro d'Eloquenza, che non ti stucchi; anzi ti diletti, & gioui. Cose molto difficili a vnire insieme.

d. Tutte le cose nobili pare a me, che habbino dibisogno di diuerse parti perfette, a fare vn'vnione mirabile. Se il Musico buono ha cattiuo stromento da sonare male si puo gustare la sua virtù in quella perfettione che ella è; se le pitture mancano o di disegno, o di colorito naturalissimo, di d'intorni, o di lumi; le perdano infinitamente, doue godendo il priuilegio di tutto, come sarebbe vna Scultura di mano del Mirabile, senza pari, vnico, MICHEL AGNOLO ella è perfetta, ne si può far meglio, O vna Pittura del Immortale, et piu ch'e stupendo TITIANO, ilquale non se ne puo tanto lodare che che egli non meriti piu.

ue. Ecco quel che fa il Mondo egli ci da questo diletto con vna mano, & con l'altra ci porge vn dispiacere, perche ci fa inuecchiare tanti virtuosi huomini, & poi ce gli toglie per sempre.

d. Ei mè, che la vera virtù consiste in vn'animo tutto intento alle cose Eterne, se noi veggiamo in vn petto mortale tanta Diuinità, che fia vedere colui che fa operare si perfette cose? nacque l'huomo per morire, & questo corpo, che l'Anima nostra ha per sua habitatione è vn'albergo da viandanti, che poche hore vi si stantia dentro. A me piace vno di questi animi virtuosi, che il lor sapere non apropriano ad altro che a Dio, & che desiderano vedere colui che gli ha dato tanta forza, nella lingua, nella penna, nel valore, nello scarpello, nel pennello, o nella nobiltà Reale: questo mi pare vn'huomo Diuino, che sempre ha l'occhio a Dio, & lo loda & ringratia del continuo; ogni hora desiderando di vederlo a faccia a faccia, come colui che ha veduto, che cosa ei puo hauere dalla Maestà sua, & quello che egli riceue in questo Mondo.

ue. Il Mondo da fumo di stati, ombra di ricchezze, suono di piaceri, & uoce di fama. Non siamo noi molestati da ogni banda, & cacciati fuora? Veramente sì, proprio come colui che riuuole la sua casa, il Mondo ci ha accommodato questo casamento di terra, & lo riuuole ogni volta che gli verrà bene; non bisogna disegnare di fabricarlo, & adornarlo di gioie, d'oro, di vestimenti vani, et di pretiosi drappi, perche ogni volta che gli piacerà, farà come colui che compra nuouamente vna fabrica, fatta secondo la commodità di colui che l'habitauà; che non gli piacendo, la getta tutta a terra, et a suo modo la mura di nuouo.

Sel. Questo auiene veramente a chi habita quel d'altri, almeno habitando noi questa terrena spoglia, non ci fossimo noi del continuo dentro molestati. Hora le febri ci assaltano, hora i dolori ci spauentano, hora l'infirmità diuerse da ogni banda ci combattono chi vuol cacciar questo spirito fuori, con duol di fianchi, chi con vn Catarro, con vna irremediabil gocciola, con vna inaspettata subitana, tutte queste cosi s'apresentano a vn tratto dinanzi a noi, & gli huomini non considerando la malitia, & la viltà di questo mondo, & di questo miserabil corpo; si vanno del continuo proponendo cose eterne in questo caduco stato, & quanto la humana Età si può allargare, tanto non la Speranza si vanno occupando. Infelici a noi, qual cosa in questo mondo ci contenta!

Sue. Nessuna, perche non siamo contenti di somma alcuna d'Oro, ne ci sodisfà alcuna potenza. Qual cosa puo esser piu vituperosa, qual piu pazza di questa? Che nessuna cosa ci basti douendo morire, anzi ad ogni hora morendo, imperoche ogni giorno siamo piu presso all'vltimo fine; & ogni hora ci conduce al precipitio doue noi dobbiamo cadere. Guardate in quanta cecità sia rinuolta la nostra mente; Mentre che io ragiono, non corre in fatti quel che io dico in parole? & vna parte di quel che io parlo non è posto in opera? Il tempo sta sempre in vn medesimo punto, ne gli anni che noi siamo viuuti, il tempo staua in quel medesimo luogo, che inanzi che noi viuessimo. E grand'errore temere quel dì estremo, che noi lasciamo questo mondo; perche ciascun giorno fa tanto alla morte, quanto l'vltimo. Quel grado lento lento, che noi manchiamo non ci genera stanchezza, ma è vn testimonio del nostro termine: alla morte l'vltimo giorno peruiene, ma tutti vi vanno. La morte non ci porta via in vn momento, anzi a poco a poco ci sueglie, & sbarbaci che non ce ne accorgiamo.

Sel. Il grande animo adunque, ilquale è a sè consapeuole di miglior natura, certamente si debbe studiare di portarsi honoratamente, con ingegno mirabile, in questo alloggiamento oue egli è posto. Bell'animo è quello di colui, che non giudica nessuna cosa che gli sia intorno esser sua: ma le tiene come in prestanza, & come peregrino viandante, che alloggi vna sera, le vsa. Quando Vedremo noi vn'huomo di si fatto intelletto? & che sia delle cose del mondo constante? A me parrebbe vedere vna nuoua natura, vedendo si fatta animosa grandezza. la qualità del vero tiene, & dura; ma le cose false non durano.

sue. Il non esser quieto, è vn cattiuo essempio della mal composta mente. Ogni huomo muta consiglio in vn corso di Sole, & uaria a ciascuna hora il desiderio; si delibera di tor Donna, hor tener Femina, hor vuol regnare, tal volta non gli pare che alcuno seruisse meglio di lui; molte volte s'insuperbisce, hora si humilia, spesso getta via i suoi danari, & piu spesso rapisce quei de gli altri; & cosi mostra l'animo suo ciascuno essere imprudente, perche viene a ingannar molti: & a se stesso essere inequale, onde si da questo per risolutione che in questo mondo non e cosa piu vituperosa dell'inconstantia.

Sel. O grande errore de miseri mortali, che tutti siamo di si varia volontà: hora paremo graui & temprati, hora prodighi, & hora vani. Ne stiamo molto che ci mutiamo la Maschera, ponendocene vn'altra contraria a quella che noi ci habbiamo leuata.

sue. O mondo volubile, quando mi spoglierò io della tua veste? Il mondo ama quello che è suo, & l'huomo vile d'animo, desidera sempre il mondo. La Sapienza di questo mondo e pazzia apresso a Dio, perche il mondo e posto tutto in malignità. non puo il mondo riceuer lo spirito della verità. Che faremo adunque? pregheremo colui che creò il Cielo & la terra che di questo mondo grande pien di lacci, quando gli piaccia ci vnisca a se, accio che il nostro cuore, che mai in questo ha trouato quiete si riposi in lui che di tutte le cose è principio et fine.

MONDO
RAGIONAMENTO
II.
SVEGLIATO, ET SELVAGGIO.

Sue.  CHE bell'opera è questa macchina, di questo mondo, o come è ella ripiena di variate belle cose, come è bella la suprema parte, o quanta chiarezza, o quanto lume, o quanta luce, o che splendore, o che suaue aure, spirono d'intorno a questo circolo di terreno, quanti diuersi vccelli, di piume si mirabili sono in questo aere, quanti et innumerabili pesci formati diuersamente dalla Natura si nutriscono ne i mari; et quanti mostruosi animali si veggono habitar questa terra, o quanta arte, maestria, et opera Diuina e stata vsata in far questo huomo, et questa Donna, egli e pur ripieno il Mondo di si fatto stupore, che non se ne puo ragionare se non stupendo.

Sel. Pensate quanto è Diuino & Eccelso quell'altro mondo, nel quale habita il fattore di questo, è piu stupendo il suo Seggio che non è il nostro, quanto egli è piu perfetto di noi; O anima sali per la scala di queste terrene cose, alla contemplatione delle superne bellezze.

Sue. Colui che potessi spiccarsi da questo mondo, potrebbe chiamarsi felice, ma doue e egli? Noi siamo tanto apiccati all'amore de figliuoli, all'affetto dell'acquisto della roba, al desiderio del vendicar l'ingiurie, al mantenimento delli stati, conseruamento de la sanità, et al riposo di questo corpo, che noi stiamo occupati tutte l'hore in si vili operationi. Scacciò Iddio il Principe di questo mondo, et nell'eleuarsi in alto, trasse ogni cosa di perfetto a se; chi adunque con seco non s'inalza alle celesti imprese, non e degno d'altro stato che di questo caduco, o chi non và dietro allui, non haurà altro Principe che quel delle tenebre.

Gran

Sel. Gran desiderio ho io hauuto sempre d'vdire vn discorso di legge.

Sue. Et io di sodisfarui di tutto quello che desiderate; Hor vdite che io m'ingegnerò di dimostrarui in parte quanto sia stato grande & mirabile, la legge di Dio, et della Natura, et breuemente discorrerò tutte le leggi, la Mosaica, l'Euangelica, la Humana, la Ciuile, & molte altre cose forse nuoue a molti.

Sel. Piu volte n'ho vdito ragionare di queste leggi del Mondo, & che le son partite in cinque parti, cio è la Eterna, la Naturale, la Mosaica, l'Euangelica, & la legge Humana.

Sue. Cosi e, dalla legge Eterna deriuano tutte le leggi, per reggimento della Creatura ragioneuole.

Sel. Il mio desiderio sarebbe bene d'vdirne vn discorso, ma dubito di lunghezza, et di tedio, il mondo mi par tutto legge, ogni vno ne fa, & quante piu se ne publica, tanto manco se n'osserua. Io ho letto che furono sette huomini che le trouarono anticamente, Moise le diede a gli Hebrei, Solone a gli Atheniesi; Ligurgo a i Lacedemoni, vn'altro ch'io non mi ricordo a quei di Rodi, Numa Pompilio a i Romani, & Phoroneo a gli Egitti, & fu lor Re; fu huomo giusto non meno virtuoso che sauio & honesto. Alcuni vogliono che le sue leggi corressino tutto il mondo, perche si vede i Romani hauer chiamate certe leggi giustissime. Forum per memoria del Re Phoroneo.

Sue. Le leggi del buon Pompilio furon lasciate per il caso del superbo Tarquino, & vi furon condotte quelle di Solone, e l'accettarono, & osseruarono, quelle che chiamarono poi le leggi delle dodici tauole. Gran dignità fu quella di quei dieci Romani sapientissimi, & furono d'vna grande autorità ad andare a tor le leggi, per portarle a si stupendo Senato.

Sel. Non furono le leggi di tutto il mondo distinte in tre parti.

Sue. Si, ius naturali, legem conditam, & ad morem antiquum.

Sel. Qual'è la naturale?

Sue. Quella che gli antichi chiamaron di natura, & questa contiene in somma non fare ad altri, quello che a te non vorresti che fosse fatto, la qual legge pare a me che senza che alcuno ce la insegni, la ragione ce la mostra apertamente senza troppo studio.

Sel. Et l'altra de lex condita?

Sue. Et quello che i Re & gli Imperadori fanno ne i lor dominij, vna parte delle quali consiste in ragione, et l'altra in opinione.

Sel. Mos antiquus, come s'intende.

Sue. È la consuetudine che in qualche popolo si ha introdotta a poco a poco, et questa non ha piu forza che esser bene, o male esseguita.

Sel. Noi possiamo adunque comprendere che Ius naturale sia quella legge che consiste in ragione, lex condita quella che è scritta & ordinata, Mos antiquus, la consuetudine di gran tempo vsata. Ma ditemi quegli antichi Iurisconsulti fecero pur non sò che diuisioni, per amor del litigare.

Sue. Le distribuirono in sette sorte, Ius gentium, Ius ciuile, Ius consulare, Ius publicum, Ius quiritum, Ius militare, & Ius magistratus.

Sel. O mondo pien di lacci, si che io comprendo da vna parte la tua bellezza, per intendere piu che io posso Iddio; & dall'altra veggo manifestamente l'abisso delle tue malignità. Hor seguite il grande inuoglio del gran Caos delle leggi diuise da quei Dottori.

sue. Ius gentium chiamaron gli antichi quando togliewano & occupauano alcune robe o facultà; che si trouauano senza padrone. difender la Patria anchora, & farsi amazzare per la libertà di quella. Ius ciuile, fu l'ordine per formare vna lite, come è hoggi accusare, rispondere, citare, prouare, negare, allegare, sententiare, essequire, & rilasciare: accioche ogni persona habbia per giustitia quello che gli viene tolto per forza.

Ius consulare furon quelle leggi che i consoli Romani teneuano per loro, come dire quanto si distendeua la loro autorità, et grandezza. nella qual legge u'era l'orma dell'habito, da portare indosso, che pratica vsare; il luogo da ragunarsi, & infino quante hore ci doueuano stare, & il modo del viuer loro, & s'io mi ricordo bene credo che la contenesse anchora, quan=

ta facultà doueuano hauere.

Sel. Questa era legge tutta loro, così mi piace che anchora i grandi habbino da osseruare qualche cosa anchora, & non sempre noi altri piccoli. Intendeuasi cotesto ordine per tutti i Consoli?

Sue. Per quei di Roma solamente che habitauano la Città.

Sel. Sta bene, seguite dell'altre leggi.

Sue. Ius quiritum fu vna bella legge, perche la conteneua molti priuilegi de gentil'huomini Romani come sarebbe a dire, non poter esser noiato per debiti, non pagare per il camino l'alogiaméto

Sel. Come dire a loggiare a discretione, o senza più tosto.

Sue. Cadendo in pouertà erano del publico thesoro sostentati.

Sel. Questa era ottima prouisione.

Sue. Poteuano farsi sepellire in luoghi alti, & altre dignità, preminenze, & priuilegi che non gli poteuano godere se non cittadini Romani. Ius publicum chiamauano gli ordini, o capitoli che tra loro si faceuano, o che teneuano: come doueuano racconciar le mura della Città per mantenergli aquidotti, fabricar case, misurar le strade, metter balzelli, imposte, far la guardia alle mura di notte, cose che tutti le faceuano, però si chiamaua Ius publicum. Gli antichi ne fecero vna detta Ius militare per i bisogni della guerra quando vn Regno si rompeua con vn'altro regno.

Sel. Questa era buona prouisione & mi ricordo hauer letto, che cotesta legge gli faceua gouernar le cose molto sauiamente. percioche trattauano del publicar la guerra del confermar la pace, metter tregua, far gente, far fossi, ordinar sentinelle, pagare exerciti: dare assalti, metter in punto il dì della giornata. ritirare la battaglia, riscuoter prigioni, & triomphare.

Sue. Voi ne sapete quanto ne so io.

Sel. Già leggeuo molto, ma da che io ho bisogno d'altri occhi che i miei, lascio riposar le carte.

Sue. Questo Ius militare per finirla, era vna autorità de i Caualieri, per far difender con l'arme la Republica.

Sel. Io mi sodisfò di queste, perche s'egli s'entrasse in ciascuna legge che ciascuno or
dinò, & da quali elleno hebber nome, sarebbono infiniti i nomi, & gli ordini.
Hora sì, che'l Mondo mi pare vn trauaglio stupendo, & veggio la grande in=
stabilità de gli huomini, & che non si contentano di cosa alcuna; perche non
sodisfatti della legge della natura, che era assai; n'hanno fatte parecchi, an=
zi infinite. Iddio Omnipotente, pose legge alle acque che le non passassero i
lor confini, diede legge a gli vccelli, & a ciascuno animale che crescessino et
moltiplicassero; all'herbe che producessero il seme, & all'huomo ne diede ancho=
ra vna & egli non l'osseruò, & poi n'è andate facendo tante questa terrena
spoglia che le Stelle del Cielo son in minor numero. non è marauiglia se egli
se ne osserua poche, poi che il Primo nostro padre non osseruò i pochi comanda
menti. Io son satio di questo viuere humano, & ogni giorno odo qualche caso ac=
caduto in questo mondo, che mi fa perdere l'amore a fatto: et son poi casi che leg
ge alcuna non puo por loro tanta pena, ne dar tanta punitione, che basti a
tanto delitto.

Sue. Se mai fu caso alcuno degno di gastigo crudele, questo che io
voglio raccontarui, è vno, accio che voi conosciate che viuere
è questo del gran mondo.

Sel. Altro non desidero, che vdir essempi, che mi faccino hauere in odio, la
nostra miseria.

Sue. Accade vn nuouo, inusitato & raro accidente, ma perche me=
glio ei si conosca l'orribilità di i peruersi casi di questo mondo
mi farò dal fondamento della causa inanzi che io venga all'ef=
fetto. Fu vn nobile & ricco Caualieri, il quale era dotato
di virtù infinite, & nella sua matura età prese Donna, di no=
bil famiglia d'ingegno, di bellezza estrema & mirabil, & di
virtù ornatissima. Talmente che in vn regno de i maggiori del
mondo non si sarebbe trouato vna Fanciulla sì virtuosa, sì bel=
la, sì nobile, & sì gentile. Teneua il Caualieri vna fami=
glia tutta honesta, & dotata di virtù, come sarebbono sonatori
di Viole, di Leuti, scrittori, letterati, pittori, & d'ogni
qualità di virtuosi; così spendeua il suo hauere in tali huomini,
& non solamente teneua costoro, ma sempre haueua la sua ta=

nola piena de i primi virtuosi gentilhuomini della Città, & tut
to il tempo si spendeua in virtuosissimi atti, fatti, & ragiona=
menti. ne mai s'udì di questa nobilissima Donna, et mirabil
femina, parola che fosse contro all'honor suo, pur vn pensie=
ro non andò mai attorno che di lei non fosse honestissimo. Es=
sendo adunque in questo mondo si fatta coppia nobile, piacque
alla Fortuna far de suoi effetti, et la priuò del marito, per la
qual cosa morendo egli la lasciò vedoua di anni ventisette.
Qual fosse il dolore, pianto, dispiacere, vniuersal lamento, lo
può pensar ciascuno. Passati alcuni mesi, cessati i dolori al=
quanto; la bella Vedoua conseruando il castissimo animo suo
manténe quella gentil famiglia, quell'ordine & quella riputa=
tione, si come fosse il Caualieri viuuto. tal che nella Città
questa casa era lo stupore. & l'honore di tutta quella patria.
Tutti i virtuosi che arriuauano nella terra visitauano questa gé=
til donna, & ogni gran maestro andaua a vdire la musica & i
dotti ragionamenti. Capitò per mala sorte, et cattiua ventu=
ra vn Oltramontano, di qual prouintia, nome et Città non mi
piace di dirlo, perche sia affatto spento il nome suo indegno, il
qual era vn'huomo di trenta due anni in circa di assai buono
aspetto & honoreuole, ma diserto, stracciato, rouinato et fru=
sto, il qual fu condotto (percioche era dotato d'una mirab l vo
ce, et gratia nel cantare, et era nella musica soffitientissimo) in
questa casa da i Cantori di quella, et la Donna mossa da vna
intrinseca compassione et bontà, lo riuestì honoreuolmente, &
gli donò alcuni scudi, per fare il suo viaggio. Costui trat=
tenendosi et cantando, et praticando spesso, auenne che la don
na gli pose amore; et fu di tal maniera, che la lo prese per ma=
rito dopo alcuni anni che la vidde la sua creanza, et come suol

fare l'Amore, che fa ueder l'un due, ogni cosa gli pareua che fosse (anchor che male) ben fatta. Cosi costui ottenne quello che un'infinità di nobil Caualieri non haueuano potuto ottenere d'hauerla per Donna, et molti nobili gentilhuomini pensando forse di hauerla un giorno, si marauigliaron del caso. Questa fu cosa nuoua inaspettata a tutti. Poiche cosi seguì il caso, ciascuno si quieto, et se mai fu felice la musica per esserui aggiunto un perfetto Cantore, et si ottima uoce, in quel tempo la fiorì piu che mai. Chi hauesse ueduto in pochi mesi costui caualcare con bellissimi caualli, uestiua con ricchi uestimenti, andaua in compagnia honorata, non l'haurebbe mai riconosciuto, egli mutò la scorza come il Serpe, rifece il pelo, et la pelle si ringentilì: cosi pareua un Conte. Ma secódo che suole accadere (chi ben siede mal pensa) parendogli a costui di plebeo esser diuentato Signore, si deliberò di farsi uedere a suoi parenti furfanti, et mostrare quanto e fosse diuenuto nobile et ricco: ma non potendo farlo senza un gran disturbo, si pensò un modo piu risoluto, uenendogli a taglio piu comodamente di farlo. Onde adunati per alcun tempo una gran somma di danari (come colui che n'era patrone) gli faceua scriuere sopra un Banco, et accomodatosene parecchi et parecchi migliara, quando gli parue tempo si fece far le lettere corrispondenti per i paesi suoi. Poi che egli hebbe acconcio i fatti scellerati, una notte dormendo (oime) la Diuina Giouane, l'Angelica figura, et la Celeste Donna, Angelo in terra; il peruerso marito scordatisi i benefici, le carezze, et l'amore, dopo che egli l'hebbe goduta (oime) dormendo lei nel suo piu dolce riposo, egli con un pugnale l'aperse il petto et nel mezzo del cuore ferendola (oime) rende lo spirito suo purissimo a Dio. O sce=

lerato caso, o ingratitudine non piu udita, o peruerso Demo=
nio in carne humana, o iniquo huomo come t'e sofferto l'ani=
mo a ferir colei, che t'hauea sanato dalla ferita della miseria?
Chi haurebbe mai offeso quella che era lo splendor del mondo?
Oime che il piu bel fiore in terra langue. Et dato (lo scelerato
corpo) mano a tutte le gioie, le cathene, gli anelli, argenti, et
alle piu care pretiese cose che ella hauesse fatto una sua ualigia,
sopra il piu mirabil Cauallo che fosse in stalla, la mattina all'a=
prir delle porte, si fuggi della Città: pigliando in uerso il suo
paese il camino; il qual paese credo che piangessi il caso, et che
per conto alcuno non uolesse riceuere si orrendo fatto. Le don
zelle quando fu l'hora andarono al letto (oime) et alzato il pa
diglione trouarono il Sole spento, la luce oscurata, et lo splen=
dore diuenuto tenebre, & alzate le strida insino al Cielo corse
tutta la casa al grido, et veduta la bella DEA morta leuarono
si fatto & si dirotto pianto che la Città in poco spatio di tem=
po fu ripiena del caso terribile & del lamento.

Sel. O mano feroce, come non ti spiccasti dal braccio piu tosto che offendere si Diui=
na Donna? O ingrato huomo, o nimico d'ogni bontà, o ladro di tutto il the=
soro del mondo, & assassino della pietà, et della Carità distruggitore. seguite
che'l Mondo mi viene in odio: da che la virtù muore, e'l vitio viue.

Sue. Fu compreso subito come staua il fatto, onde montarono in su le
poste cinquanta de i piu ualorosi gentilhuomini che fossero nella
terra, et prese tutte le strade diuersamente a quattro, a sei, a due
insieme, seguitarono quel maggior nimico che hauesse la gene=
ratione humana: & lontano uenticinque miglia l'aggiunsero, et
tratti dall'ira non potendo aspettare di prenderlo viuo per fargli
quegli stratij che meritaua lo amazzarono nel mezzo della stra
da scannandolo da porco: poi legandolo come una bestia a tra=
uerso al cauallo con le sue lettere & con il thesoro lo fecero

menare nella Città, quanto stratio fosse fatto di quel corpo non sarebbe lingua che lo potesse manifestare.

Sel. Perche non raffrenarono l'ira quei giouani, & hauerlo condotto viuo, & con vn Toro di Perillo, o Ruote, hauer scacciato l'anima di quel corpo scellerato; & di lei che ne fecero?

Sue. Le piu belle exequie che si vedesser mai (inanzi che la sepelissero) furon fatte, doue erano forse venticinque musiche tramezzando le Chierisie & l'accompagnauano, onde gli vfici che si fanno leggendo: con mille stromenti, & altre tante uoci furon celebrati; Ella fu vestita de i piu ricchi habiti e adornata delle piu pretiose gioie e cose che l'hauessi. Et una cassa di brozo fatta per lei gettare nouaměte con tutta la Historia dentro, & di fuori di basso rilieuo intagliata, fu sepolta molto profonda sotto terra, che non lo seppero altri se non quattro nobili Cittadini, che la sepelirono, ne mai s'è possuto inmaginare il loco. Questo si fece accioche non fosse tolto alcune ricchezze, che son con lei sepulte, & perche quella patria con il tempo habbi questo honore che ritrouandosi si mirabil cassone, doue fu riposta la spoglia della vnica Donna, ne riporti poi per altre tanti secoli la fama.

Sel. O legge di natura; perche non poteui tu hauer fatto quel petto di Diamante, et non di carne, accioche il pugnale che pensaua offender si pretiosa cosa, fosse rimasto offeso, & lo scellerato huomo confuso?

Sue. Non piu di legge, io non ritrouo la piu dolce & la piu suaue, che quella del Signore, poniamo al nostro ragionamento termine, et mettiamoci il giogo del Saluator nostro sopra il collo, per cioche egli ci aiuta portarlo, conciosia che non si tosto habbiamo posto sotto la miseria nostra, che egli dall'altro canto, (perche il giogo vuol due a portarlo) pon la sua spalla. Egli per noi, in compagnia nostra, ha patito fame, sete, dolori, persecutioni, et tormenti infiniti, et per darci uita ha sopportato la morte, humiliato se medesimo, pigliando forma di seruo, & simi=

glianzi

glianza d'Huomo. et sopra il giogo (che gli fu suaue) della peregrinatione del mondo, ha portato anchor la CROCE.

Sel. Perche non ho io vno spirito tanto eleuato, che io possi comprendere i suoi misteri.

Sue. Seguitiamolo dietro a gran passi, & lasciando questo gran mondo di miserie pieno, & di leggi di quegli antichi; abandonadole come macchiate di vitio, si come la Phoronea, che permetteua i ladri, quella di Ligurgo che non gastigaua gli homicidi; Quella di Solone, che dissimulaua l'adulterio, quella di Pompilio che vsurpaua quanto poteua l'huomo, quella de Lidi, che guadagnauan con adulterio la dote le pulzelle; quella de Balleari, che il primo parente conosceua la sposa inanzi al marito: & altre simili bestiali & brutte. Ma abbracciando l'Amore di Dio & del prossimo ritorniamo nel seno del Mondo Massimo Dio Omnipotente, santo, buono, & giusto.

Sel. Egli mi par hora di ritrouarsi, & è tempo d'andare all'Academia nostra, la qual si vuol risoluere se dobbiamo seguitare i nostri ragionamenti per ordine secondo che s'è stabilito di fare i Mondi veri seguenti, ouero passare alle fauolose fintioni nuoue.

Sue. Io sarei d'opinione che si lasciasse il Mondo di DIO all'vltimo ragionamento.

Sel. Et io son di contrario parere, non framettere in mezzo cosa alcuna, pure il giuditio di molti o de piu sarà quello che diciderà la vostra, & mia opinione.

Sue. Non so se io vi potrò essere.

Sel. E par quasi, che habbiate paura che la vostra opinione non sia per hauer effetto.

L

Sue. Anzi credo che la debbi succedere., poi che il nuouo Presidente è intestato che si segua l'animo suo.

Sel. Il nostro poco parlamento adunque si porterà a loro, & pregheremo IDDIO che gouerni il tutto bene, & con la sua buona gratia faremo:

FINE.

L'ACADEMIA
PEREGRINA
E I MONDI SOPRA LE MEDAGLIE
DEL DONI.

DEDICATA ALL'ILLVSTRISS. ET ECCELL. S.
IL SIGNOR PIETRO STROZZI.

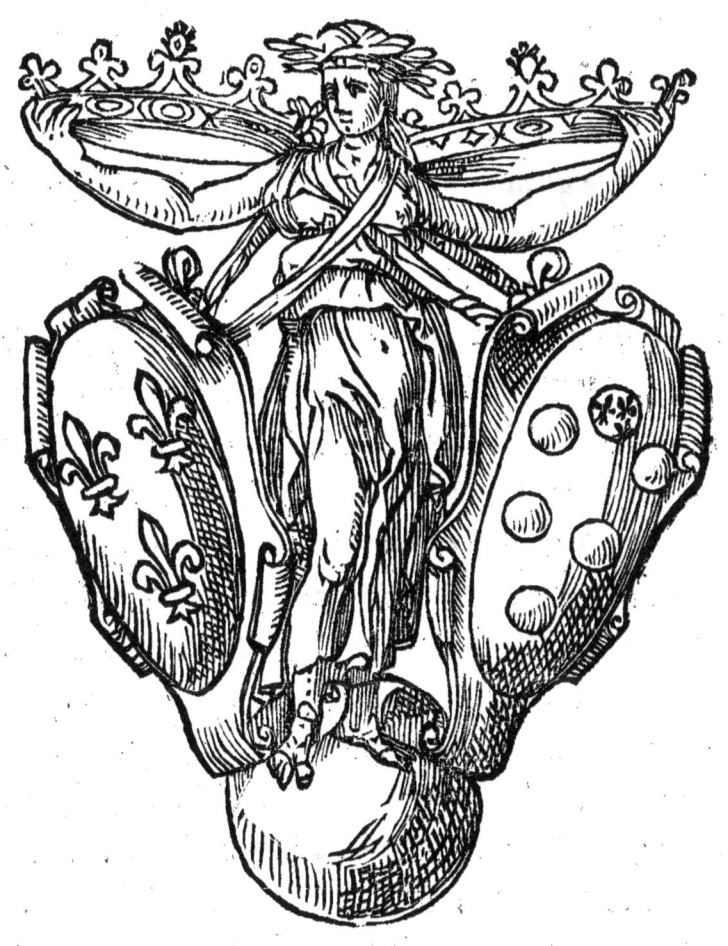

IN VINEGIA NELL'ACADEMIA P.
M D L I I.

A I LETTORI,
L'OSTINATO ACADEMICO PEREGRINO.

ALÌ Hebreo huomo che a suoi tempi sgarò la Fortuna molte volte, scrisse queste parole.

ההפצר מועיל לקושי עורף כי גם שנאבדים בקושי ערפם מנצחים בכל אופן על שמקיימים רצונם ואם באולי תגבר ידם יעשו יותר מכל המנצחים:

cio è l'Ostinatione gioua a gli ostinati, ben che se perdano ne l'Ostinatione: vincano a ogni modo per hauer mandato a effetto l'animo loro, & se vincano soprafanno tutti gli altri vincitori: le quali in somma nella lingua della Torre di Nembrotto voglion dire tutto il contrario del Prouerbio, che vsa il vulgo; chi la dura la vince, o la perde malamente. I nostri Academici s'erano delibarati di andar seguitando a scriuere mondo per mondo, secondo i gradi, prima il piccolo (l'huomo) poi il grande (questo che noi habitiamo a pigione), & dopo il Massimo, che è Iddio. & andar poi facendo gli altri imaginati; & io con certi Academici, ci siamo apontati con i piedi al muro che quello che ragiona di alte cose & si profonde si serbi in là vn pezzo, perche tenga il superior luogo: & l'habbiamo a tutte le vie vinta, con il partito, con le voci, & con la sorte. Hora noi seguiteremo di stampare (non come s'era ordinato il Mondo Massimo) ma l'imaginato, sì per la ragion detta, come per framettere le piaceuoli lettioni al Lettore, il quale stracco tal volta di contemplare le misteriose parole cauate, da i profondi dottori, come sono stati, Ambrosio, Agostino, Girolamo, Origene, Beda, Chrisostomo, eccettera, che sem

pre habbiamo fatto proporre & rispondere in nome d'altri: lo vogliamo solleuare alquanto con alcune inuentioni curiose.
Se vi venisse adunque Lettori spirituali anchora le piaceuolezze a fastidio, il medesimo libro che hauete in mano, vi potrà sodisfare di dottrina & di spirito; perche ritrouando le cose scritte a vostro proposito, pasceteui di quelle; & gli altri che non sono anchora tanto perfetti nelle cose di Dio, si disporranno con questi mezzi, perche hauranno alcune scale coperte da salire piu alto. Onde si ritroueranno al par di voi, (per auentura) a godere il bene dell'intelligenza di quest'opera. Ecco che si dà principio al Nuouo Mondo, però disponeteui a vna imaginatione che voi possiate esser capaci di tutto quel che leggerete, pregando Iddio che vi facci intendere, non quel che vi piace, ma quel che sia scritto a salute dell'anima uostra, & a honore di Dio che ue l'ha donata, il qual prego che ve la conserui pura, & senza macchia alcuna.

MONDO IMAGINATO
DELL'ACADEMIA PEREGRINA.

DEDICATO ALLA VIRTVOSISSIMA, NOBILISSIMA, ET HONORATISS. MEMORIA DELL'IMMORTAL SIGNOR IL SIGNOR PHILIPPO STROZZI.

IN questo nuouo Mondo, si finge hauer GIOVE formato molti corpi, et poi mandatoui dentro l'anime tratte per sorte: & si vede differenti effetti che operano le Anime & i corpi insieme; con altri ragionamenti strauaganti.

DOPO che Gioue hebbe mandato il Diluuio, et che Deucalione, & Pirra rimasono su'l Monte di Parnaso, è pare che ritrouandosi soli eglino haueßero vna gran volontà d'hauer de l'altre brigate, & andando all'Oracolo della Dea Themi fu

mostrato loro il modo di ricuperare la generatione humana ; & perche bisognò far tante anime a vn tratto, secondo che Deu= calione & Pirra gettauano i sassi presto presto per far delle bri gate assai, Gioue non la guardò così nel sottile, & fece che Marte, Venere, Saturno, Mercurio, & insino a Momo volse che gli aiutassero far questa generatione. Però gli huo= mini sempre hanno peccato in quella parte che piu era data loro disopra ; vno è stato maldicente, l'altro Venereo, quel Mar= tiale, l'altro Mercuriale, Saturnino, Lunatico, etcettera. Hora Gioue hauendo sopportato vn tempo questa confusione deliberò a poco a poco secondo che moriuano di rifargli & far= gli tutti di sua mano. Et si fece da capo ; & formò de Si= gnori, poi de Dotti, de Bottegai, de Contadini, & vattene là, secondo che faceua dibisogno, & quando egli gli hebbe messi là da vn canto come se fossero boccali di terra, chiamò a sè tutte l'anime & disse loro ; Fratelli e non è piu tempo da passarsela così a caso, io intendo che ciascuna anima entri in vn corpo se= condo che la merita, & quì si fece da capo, & cominciò à esa= minare, et la prima che gli venisse inanzi fu l'Anima d'vn Astro logo, che fu il maggior Bue che fosse al mondo. Gioue quãdo vid de costui che ne veniua gonfiato inanzi gli dimandò se voleua esser piu Strologo ; Non io in mal'hora, percioche mai potetti indouinare cosa buona ; Io staua tutto dì a far figure & cal= cular numeri & ero sì impazzato dentro a questa frenesia, che poco ci mancaua a dar la volta. O chi vorresti tu essere ? Io non lo so, non vorrei esser nulla, poi che nulla fui al mondo ; & nulla sia, disse Gioue, vattene là adunque, & andrai nel numero de bugiardi, & de canta in banco, che non dicon mai se non menzogne, & non vendono se non bugie. O io sto fresco, poiche d'Indouinatore Strolago, son diuentato ver di bossoletti in banco. Ma fateui inanzi voi altre, vedi come le son timide, fateui inanzi. Noi non vorremmo piu tornare al moudo, risposero parecchi, quando l'anima d'un Signore disse; sì io, ci tornerò volontieri. Sta bene rispose Gioue che arte è la tua? esser Principe, comandare, farmi vbidire, gastigare i mal fattori, pigliar questo luogo, saccheggiar questo altro, impouerir quel cattiuo, & arricchir quel buono; far giustitia. Sta saldo io voleuo apunto te, hai tu mai assassinato alcuno per credere alle parole di qualche maligno tuo fauorito? Tu non rispondi; Ti sei tu mai lasciato aggirare da la viltà di alcuna femina & per amor suo dato & speso il tuo thesoro doue non bisognaua? molto tosto ti fai mutolo. Haresti tu mai per sorte fatto metter la carestia nel tuo dominio cosi sotto mano che non paressi tuo fatto, & quando tu haueui fatto stentar bene bene i poueri, et smunti di danari i tuoi sudditi, fatto poi un poco di baldoria di frasche con dare il grano (poco però) a miglior derrata? Io ti conosco fratello, tu sai bene che io le so tutte. sarebbeti mai venuto uoglia di quante femine tu vedeui? quando anchora ne fosse morti a torto qualche dozzina sotto il tuo reggimento non sarebbe gran fatto? ma s'io ti rimetto nel buon di farai tu quello che è il douere? Se voi mi perdonate il passato; son contento, ma odi quello che tu hai da fare; Io ascolto. Prima io voglio che tu non dia orecchie a gli adulatori. Tu giri il capo. Sarà impossibile. Se tu non uuoi nò. Poi non uoglio che tu getti uia l'entrata tua, ne quelle de tuoi cittadini in cauarti tutti i tuoi apetiti; Tu ridi; rido perche non sarò Principe altrimenti s'io non fo quel che mi piace. Noi non saremo d'accordo. Il ben comune non uoglio che tu lo spenda in proprio uso, ne che tu perda il giorno il mese, et

l'anno

l'anno ne tuoi spassi, & lasci di regger te medesimo e i tuoi sudditi. Ma de si troppe cose ho da osseruare. Se tu vuoi star su tribunali piu alti, caualcare meglio di nessuno, vestire, pascerti, star comodo, & hauer piu di alcuno, perche non vuoi tu tener conto di ogniuno? Voglio che tu honori i virtuosi, che tu gli remuneri, che tu non facci ingiuria a chi viue del suo sudore, & sopra tutto non mi riuestir villani, perche diuentano come vanno in grandeza troppo insolenti; del resto uoglio che tu dispensi a poueri vna buona parte del tuo. Egli è tanto possibil far la metà di quelle cose che voi hauete detto, Messer Gioue quanto che io sia voi. Tu non le vuoi fare, và là, và là, che io so bene doue io ti farò intrare.

MOMO non odi tu come costoro son diuentati al mondo. Io non me ne marauiglio, tu gli volesti far di sassi, bisogna fargli di terra per potergli piegare torcere, & riuolgere a suo modo. Di quà inanzi lo farò, ma lasciami udir questi altri: Tutti ti riusciranno d'vna buccia, ma egli è meglio che io gli chiami a grado per grado; Io, che gli conosco in fin nell'huouo. Fa tu, io lascierò fare a te le domande anchora. Sarà il meglio perche e hanno rispetto a risponderti, & meco si sbizzariranno la fantasia. Son contento, ma vedi non la perdonare ad alcuno doue ne va l'honor mio. Tirate da parte che non ti vegghino, poi lascia far a me. Quà huomini da bene, quà Dotti, quà canaglia, plebei, ignoranti, gente vili, (quà tutti) diserta, & senza regola; ch'io voglio mandarui al mondo di nuouo, perche voi non siate anchora ben bene in ordine di stare in fra noi altri; fatti inanzi Cleobolo tu che fosti Philosopho e huomo da bene, el bisogna che tu torni al mondo, perche le cose di la giù vanno male, se non ci và qualche centinaia di voi altri Philosophi non s'è per rifar mai. Io non so come vorranno osseruare quel che io dirò: Tu sai ch'io voglio che la lingua de gli huomini lodi, & honori sempre, & non biasimi ne vituperi. La Virtù mi piace che facci il suo ufitio cio è fuggire il vitio; voglio la giustitia per tutti gli Stati, che si raffreni le Voluptà, che si consigli bene, non si operi cosa nessuna con violenza, i figliuoli bene amaestrati, leuar via l'inimicitie, & che s'odi fauellare assai, & si parli poco. O Gioue sarà egli il proposito costui? Se vuole esser principale sì; ma per Philosopho non farà nulla. Non io, non voglio inanzi ritornarui altrimenti. Che dici, Gioue? Lascialo un poco star per hora, chiama

M

vn'altro. O Meſſer Storiographo? che io non so il tuo nome fatti innanzi.

E biſogna andare a ſcriuere vn'altra volta al mondo, ma auertite ch la Signoria voſtra non ha piu ad andare ſcombiccherando le carte fuor di propoſito em
piendole di ciancie, voi hauete a eſſer breue, riſoluto, & dir la verità.
Quando gli altri faccino coſi, anchora io ſon per farlo, ma ſe gli ſcrittori fan
no quei libri grandi grandi pieni di frappe, vuoi tu che paia che io non ſappi
dir ſei parole? ma che dico io dell'Hiſtorie, le lettere ſono annuali, & le ſopra
ſcritte teſtamenti, mai viddi tante ciancie. Tu vuoi adunque ſcriuere aſſai
& male, piu toſto che poco e buono: Come gli altri vo fare. Tirati vn poco da
parte, laſciami chiamare vn'altro che non voglia ſcriuer baiaccie: tu chiame-
rai vn pezzo, inanzi che ne venga vno, che ſia il propoſito. Scrittore di
lettere fatti in quà; non foſti tu già Cancellieri? sì fui, ſi ſi io ti conoſco; O
tu faceui le goffe tirate, ſe tu vuoi tornare al mondo e ti biſogna imparare di
nuouo a ſcriuere. & da cui? da i grandi che ſcriueuano bene. O come, &
chi? Da Platone, da Pompeo, da gli Imperadori; dammi la forma, che io
andrò a tirare vn'altra volta quella maladetta carretta. Ecco Tiberio Imperatore, ſcriuendo a Germanico ſuo fratello diſſe coſi. I tempi ſi guardano, li

Dei si seruono, Pacifico è il Senato, la Republica prospera, Roma sana, l'anno fertile, & la Fortuna quieta. Questo è lo Stato d'Italia, & altretanto desideriamo a te in Asia. Mi marauiglio che non dicesse altro, & a far che. Cicerone scriuendo a Cornelio, disse; Rallegrati, poi che io non sono amalato, però io mi rallegro anchora che tu sei sano. Platone scriuendo in Athene a Dionisio tiranno l'abreuiò anch'egli. Amazzar tuo fratello, dimandar piu tributo, sforzar il popolo, scordarti di me che ti sono amico, pigliar Phocione per nimico, tutte sono opere di Tiranno. Io non son miga Messer Momo, Platone; che io la sappi così bene. To questi altri: Pompeo scriuendo al Senato disse. Padri conscritti; Damasco è presa, Pentapoli, Siria, & Colonia suggetta, Arabia confederata, & Palestrina vinta. Il Consolo Gneo, Siluio scrisse così. Cesare vinse; Pompeo morì, Ruffo fuggi, Catone s'amazzò, la dittatura hebbe fine, la libertà si perse. No no, bisogna piu minutamente perche e per come. Gioue noi stiamo male non credo che noi siamo per hauer honore di questo acconciare per costui il mondo. Mandalo via faremolo copista, & chiama vn Dottore: Che questi scrittor di lettere importano poco a essere al mondo, o non ci essere, a ogni modo, e v'hanno poco spaccio, se non sono di quei della prima bussola. Poi de suo pari ignoranti ve ne son le migliaia, et la gente per non ispendere a tener de buoni, si seruano di si fatti imbratta mestieri, de i quali scimoniti ne và quindeci per serqua, come gli Oui stantij, o tre per paio, come i Caponi da Saraualle; Chiama chiama vn Dottore, come io t'ho detto.

GIOVE ecco Ganimede con vn monte di presenti, credo che vorrà corromperti con quelle Ambrosie, & farti fare a modo di costoro; Ogni vno vorrebbe tornando al mondo andar dietro al suo Asino, guarda che pensino di migliorare: ciascuno ha fatto il callo in modo che sarà meglio lasciargli rinascere a beneficio di natura. E non ne sarà altro io voglio che si racconci il Mondo. Gli huomini vuoi dir tu: tanto è; Che c'è Ganimede, che vasi son cotesti?e mi par hora che voi vi resitiate vn poco, io ho portati certi cibi che hanno fatti fare coloro che erano al mondo, gustategli, & poi vi dimanderò vna gratia in nome di tutti. L'è intesa, portagli pur via, i presenti corrompono troppo volentieri, & massime per la gola; lieuamiti di

nanzi che io uo spedire costoro in prima, porta uia queste tue pi
gnatte, ua uia, ua uia. Momo chiama i Dottori tutti a un

tratto che io la uoglio spacciare. Quali quei di Medicina, o
di legge? quai tu vuoi. O Gioue tu vdirai di bello. I Me=
dici si degnino di venire a visitarmi questa uolta senza dinari,
fateui accosto a me & sedete che noi ci siamo per un pezzo.
Ecci nessuno di voi che si stimi piu d'Hipocrate? i consigli
del Conciliatore e i composti di Rasis; degnerebbonsi l'eccel=
lenze vostre di leggergli? So che non c'è alcun di voi che non
habbi albagia di saper piu di Galeno & d'Auicenna, ne uero?
Momo tu fusti sempre vna lingua serpentina; Se io fossi Gio=
ue so che tu nō staresti in questo luogo. O se tu fussi Gioue non
saresti becchino, bastiti esser quel che tu sei, & non cercare al=

tro per hora. Dimmi vuoi tu ritornare al Mondo? & medicare con i rimedi naturali & apropriati, o nò? Non fai tu, Momo che io non poſſo andare medicando, ſe gli altri medici non mi danno il dottoratico, & s'io non medico come gli altri, quando mi accetteranno eglino per Dottore? Biſognerebbe mandargli Apollo & Eſculapio hora, & vedreſti come l'andrebbe; Gioue mandò per lui con vn folgore & lo tolſe di terra, per hauerlo a ſuoi biſogni: Mandaci piu toſto quella donna Greca; che Strabone, Diodoro, & Plinio Hiſtoriographi hanno detto di lei tanto. Odi tu la non ſarebbe mala coſa; che dici Gioue di queſto partito? Eglino hanno detto mille bugie, e non ſon tante faccéde, ma nō mi torre il capo di Donne che medichino, guarda ſe vogliano andar loro, laſciami dormire, & non mi chiamar di queſto pezzo. Gioue uorrebbe che uoi u'andaſte, piaceui ſeruirlo & rifare il mondo di medici? O Momo e vi mancano forſe; a montagne ui ſono, ciaſcun medica, & mendica a un tratto. E biſogna un tempo a far credere alle perſone che tu ſappi, & ve ne biſogna un'altro a far il nome, un'altro a principiar di medicar bene, in modo che quando l'huomo penſa di ſaper medicare, non ne ſa nulla; & ſi muore. Il meglio adunque de medici a quel che tu di, ſarebbe il morir prima loro, inanzi che medicaſſero gli altri. Sì, ſe tu vuoi che non amazzino prima gli altri, & poi loro. Sarà il meglio che uoi ſiate i primi, a che far vuoi tu che io ui torni adunque? laſciami ſtar quà, et quei che ſono al mondo guazzabuglino a lor modo caccino in corpo alle perſone quante coſaccie ui ſono; che fa egli a te, baſta che le non entrino in bocca tua. Va pur la che tu ſei un bue, che io voglio ragionar con queſti altri. O monauoi udite? Volete uoi tornare nella uoſtra prouintia

d'Acaia a medicare con parole come voi faceui già? perche
quelle peſtate di colloquintide, quei recipe
pillurarum, maſticinarum .ʒ.ſ.
Fetidarum .ʒ.i.
fiant p. numero quinque & aurentur. Non mi piace, pigliale
quattr'hore inanzi deſinare &c. la non mi ua; quegli ſcropoli
di coſcienza non fanno per gli amalati: che di tu, che non ſai
queſte girandole uuoi tu ritornarui? tu te ne ridi. Rido che
par che la tua ſignoria non ſappia che'l Senato d'Athene mi
fece lapidare: tu di il uero; non mi era in memoria: ua in là
adunque poi che non ti piacciono i ſaſſi pel capo. Gioue? o
Gioue? Io non ci ueggo rimedio, ſarà il meglio che ſeguitino
di far quelle tauole, & apiccarle nel tempio, come faceuano da
principio, & dar quella gloria a Diana. laſciami dormire, non
ſai tu che'l tempio è arſo che le non ui ſi poſſano apiccar piu.
Faremo adunque che'l meſe di Maggio raccoglino herbe olioſe
& odorifere, & con bagni poi, et altri impiaſtri ſi medichino
con quelle come faceuano i Greci: che ſi faccin cauare ſangue
una uolta l'anno, ogni meſe vn bagno, et mangino una uolta
il giorno: Momo tu pigli un granchio, fa che debbino mangiar
quattro, piu toſto. Non ſi poſſino eglino mai empiere. Che fa=
remo di queſta medicheria.

Io ci andrò a medicargli è poſſibil che uoi non mi conoſciate, io
ſon pur piccolo di perſona, ho la teſta groſſa, ſon un poco loſco,
& non ho uoluto farmi inanzi perche non ſon proſontuoſo, &
ſempre parlai poco, adoperai l'ingegno, & mi affaticai molto
nelle lettere. O Hippocrate tu ſia il ben uenuto; Noi non
uoleuamo che tu ti partiſſi da noi. Gioue noi ſiamo a cauallo
ci ſarà da rifare il Mondo per conto di medici, Hippo=

crate ui tornerà. O poueretto a lui, non ſa egli che quegli altri medici lo ſaetteranno, loro ſono (per la maggior parte) ignoranti lui dotto, lor parabolani, lui fauella poco, loro grandi et ricchi, et lui piccolo et pouero; egli ha l'ingegno ſottile, et lor groſſo. Poi gli amalati uogliano quelle preſentie paſſute & ampie; et lui e piccolo, guercio et ha buon capo a ſtare a bottega; in modo che non trouerrà un pane et morraſſi in una ſtalla. Che vuoi tu fare adunque? io non lo ſo, laſciami dormire, et fa a tuo modo. Io anchora me n'andrò a ripoſare. Habbiate licenza per un pezzo; Andateui armeggiando per queſti noſtri alloggiamenti, in tanto qualche coſa ſarà de fatti uoſtri; Noi uorremmo eſſere ſpediti, diſſe un Poeta, perche lo ſtare infra due dell'andare o dello ſtare, non fa per noi. Dice bene il prouerbio, riſpoſe Momo la piu triſta ruota del carro cigola. Io uorrò ueder chi t'ha meſſo qua ſù, che tu non hai infraſcato il capo come gli altri. Le mie coſe ſon forſe migliori che quelle di coloro che portano la Corona di Alloro. E ſarà adunque uero quello ch'io m'imaginauo che tu foſſi preſontuoſo, tu ſtarai bene al mondo, perche il mondo e de tuoi pari; Oime Momo non mi mandare al mondo mai piu che io non ne ſia cacciato dalla fame. Hor uia leuatemiui dinanzi in buon'hora.

MONDO LEGGIADRO, ET PEREGRINO.

ITROVANDOMI nell'Academia hoggi, ho vdito dire vn bel caso, che i nostri Peregrini che erano in su la naue si son ritrouati tutti, saluo che il Sonnacchioso et lo Smarrito: & che fra pochi giorni saranno qua da noi.

Pere. Io ho gran contento di questa nuoua, ma come si persero eglino?

Leg. Roppesi la naue dando in scoglio; si come scriuono per lettere in vn luogo che io non mi ricordo, e chi si potette saluare con tauole, fortieri, & casse vote barili, et altre cose si saluò: il restante non se n'è saputo altro per anchora.

Pere. Che altre nuoue ci sono?

Leg. Ecci di nuouo vna femina delle nostre d'Italia, la qual giuoca ogni dieci, quindici, vēti, venticinque, (ne mai passa i trenta) anni a fraccurradi, & fa per Eccellenza l'arte del maestro mucchio, & va atorno facendo vedere queste sue proue.

Pere. Che baie mi di tu di fraccurradi?

Leg. Odi, & poi ti segna. Fraccurradi è vno certo trattenimento da brigate spensierate, il qual gioco si fa con certi fantocci su per le punte delle dita, & si pigliano l'uno l'altro, giostrano, scherzano, s'amazzano, si tolgono l'vno a l'altro certi castegli: & questa Donna maneggia lei questi fraccurradi, hora toglie in mano l'vno, & hora l'altro & gli fa azuffare, questo anno l'è venuta, & fa questo giuoco benessimo: onde ciascuno corre per veder questi bei passatempi; ma il vedere bene è, quando questa femina gli viene a noia il gioco; lo getta via la patienza: et i fraccurradi alla mall'hora, che l'ha tenuto vn pezzo in seno: & ne toglie de gli altri di nuouo.

Pere. Oue Filastrocca che tu mi vai dicendo, che so io quel che tu dica?

Leg. Non mi lasci finire.
Pere. Non io et non ti voglio ascoltare se tu pensi di parlare di simil nouelle, scriuo: no altro gli Academici?
Leg. Dicono hauere vdito vn ragionamento grande fra Gioue, Momo, & molte anime.
Pere. O questa è bella che essendo viui, e sentino ragionare gli Dei, & i morti.
Leg. Non ti so già dir come, basta che hanno vdito il ragionamento; ma io ti dirò di piu che n'hanno scritto vna gran parte, & ecco quà la minuta.
Pere. Vn grande scartafaccio è cotesto, leggimelo accioche io oda anchora io questi miracoli.

AL gran Presidente de virtuosi, & a quegli Intelletti, vnichi al mondo dell' Academia Peregrina, Posta nel piu ricco, et honorato loco dell'Adriatico seno.
A VINEGIA.

Leg. Qual fosse il nostro viaggio, la fortuna, il pericolo, & in che maniera campassimo la uita, hauete udito &c. Quanto stessimo nell' Isola &c. poi arriuando alcune naui che andauano &c. & di nuouo il nostro viaggio ci fu interrotto &c.
Pere. Leggi seguente, & non a pezzi.
Leg. Voleua trouare quel che importaua, aspetta; Così il Sonnacchioso & lo smarito (questo è il tutto, che troppo harei hauuto a leggere) vna notte ci aparuero in sogno, & ci dissero il ragionamento che hauete inteso per l'altra nostra. Di nuouo hora con questa vi facciamo sapere. Che quel Poeta che s'era fatto inanzi fu da Gioue scacciato dal Cielo & nell'abisso profondato perche arrogantemente andò a destar Gioue, a volergli dar legge. Onde quell'anime si ristrinsero insieme che voi ha=

uresti detto le non occupano luogo alcuno, & era tanta la lor paura di non essere messe in qualche strauagante corpo al mondo che tratto per tratto, & uolta per volta; a un volger d'occhio di Gioue l'erano inuisibili. Passati alcuni giorni Momo dimando quali erano coloro che nouuamente erano venuti dal mondo: onde noi ci facemmo inanzi, all'hora la sua Signoria se n'andò da Gioue menandoci dietro & disse questi ti potranno informare del tutto. Noi fatto il debito delle cerimonie & riuerenze (per sua gratia) fossimo fatti sedere, & Gioue in maestà arrecatosi ci domandò di questo, che uoi udirete. Io mi ero deliberato mandare di nuouo anime al mondo a riformarlo, perche mi uiene un non so che suono a gli orecchi che la uirtù e smarrita (se non perduta) la giustitia sta male, la pace l'hanno quasi fatta diuentare stolta: la non sa piu che si fare: essendo stata presa hora da questo et hora da quell'altro, et a pena lei s'e posta a sedere in casa loro, che in un subito la scacciano. La ricchezza che io ho donato a gli huomini, se ne va in pompe, in carnalità, in giochi, in homicidi, et altri tristi fatti. Se l'e cosi come m'e detto (lo sa Momo) io ci uoglio far prouisione, et se queste buone anime che io ho nette et ridotte a perfettione non vorranno tornare in quei corpi che nouuamente ho fatti, ne crearò dell altre, tanto che io lo uoglio ridurre al buon viuere. Potentissimo et altissimo Signore; Questo che uoi dite e uerissimo, ma non e una infirmità uniuersale, percioche il mondo sta meglio, che gli stesse mai, se si leuasse di terra i tristi, o se fossero gastigati basterebbe, la cosa sarebbe bella et acconcia poi in quattro giorni; Che dici tu Momo di questo consiglio senza hauere a far altri corpi et altre anime? sia difficile tor uia tutti i tristi perche ui sarà che spegnere un pezzo. Di temi anime chi saranno coloro che metteranno il mondo per la buona uia se si lieuano i tristi? ve ne sia assai de buoni, ma non morranno eglino anchora i buoni? Si; adunque ne nascerà di nuouo, et non vi trouando de buoni, diuenteranno cattiui; in modo che sempre haurai che fare. Pure s'io rimetto questa uolta il mondo su la buona uia durrerà qualche anno, ne uero Momo? E parrebbe Gioue che tu non sapessi che gli huomini d'età in età fanno mutationi, un pezzo buoni et un pezzo cattiui, io son di parere che si faccino di nuouo di terra, et le anime nuouamente si mandino ad habitar quei corpi: perche noi pigliamo un granchio a impacciarci con sassi che alla fine alla fine, costoro son tanto duri che tutto il giorno ci spezzeranno la testa. Hor fa a modo tuo. Parrebeti egli Momo che io facessi un bell'huomo ben fatto, lo facessi nascer nobile, gli dessi virtù, et poi lo ponessi in vno STATO REALE, che fossi Signore de gli altri huomini. dimmi GIOVE non uuoi tu fare d'ogni sorte animali, cioè huomini? si uoglio. Che proportione darai tu per rouescio di cotesto? farollo brutto, ignorante, matto, pouero (bastaua dir pouero) & disgratiato. Ecco quel che io uo dire in mio linguaggio tu uuoi rassettare il mondo, & poi lo uuoi empier di mostri, ignoranti. Tu di il uero Momo. S'io dico il uero eh? così mi fossi egli creduto, ma in questo caso io uoglio dire il parer mio, poi fa a tuo modo. Se tu uuoi mostrar d'esser quel Gioue che si dice et che tu sei, bisogna tener la bilancia pari, il uoler dare a ciascuno ogni cosa, et a gli altri nulla la non ua bene come sanno queste anime che l'hanno prouato. Infelici a noi sempre uiueuamo in trauagli, in pena, in sospetto, in paura, in pouertà; Che t'ho io detto; et gli altri come uiueuano? con piaceri, canti, feste, nozze, & allegrezze, ben uestiti, et ben pasciuti, temuti, riueriti, riguardati, rispettati, et fauoriti da cia scuno: et noi nulla di buono anzi tutto il contrario. Fa così Gioue mena costoro nel Mondo Misto, et che piglino quale stato e uoglino, et così farai di tutte l'anime, ma che ciascuna uegga il ritto, et il rouescio a un tratto della sua uita. Non gli uo menare altrimenti per hora seguita quel che tu uoleui dire inanzi. Voleua concludere che la si partisse equale, che la uita dell'huomo fosse come tutte le cose naturali. Et come tutti gli animali. Il pesce ha lisca et polpa; la rosa ha la spina, il frutto dolce ha nocciolo amaro, un pezzo fame, un pezzo sete, un pezzo satio; una parte del tempo si dorme, uno si ueglia; certo tempo s'ha caldo, certo freddo, taluolta ne l'uno ne ltaltro; così dispensare che'l piacere si lasci godere un pezzo, et il dispiacere altretanto. Così gli huomini l'andassero pigliando un pezzo l'uno et un pezzo l'altro. Gioue tu non farai nulla, che gli huomini torranno le ricchezze, e lascieranno la pouertà, uorranno a tutto transito piacere, et il dispiacer; non lo guarderanno mai. Ma fa così; manda tutti costoro, et tutte queste cose al mondo, et lascia che ciascuno tolga quello che uuole. L'ho fatto, et non u'e' stato alcuno che uoglia la Vergogna, tutti cercano l'Honore: nessuno ama la pouertà; ma pigliano la ricchezza, stanno nel diletto sempre, et mai hanno uoluto se non dolce; l'amaro lo fuggono quanto possono. Fa così Gioue, una notte ua giù tu in persona. Sarà meglio che io ui mandi un'altro in mio scambio. Vauui tu in persona ti dico, perche chi uuol far uadi, et chi non uuol fare mandi, et fagli torre tanto dell'uno quanto dell'altro. Non sarebbe egli il meglio Momo che tu u'andassi tu per me, che sei astuto et facessi un tratto da maestro? Che cosa; una notte mentre che dormano tutti, entrar per tutto (che io ti darò autorità) et scambiare i uestiment? In che modo? Quei del dispiacere mettergli indosso al piacere, quelli delle dolcezze adosso alle amaritudini, quel del bene al male; perche hauendo costoro i panni intorno non se gli lasceranno mai piu cauare, onde coloro credendo abbracciare una cosa ne stringeranno un'altra. Non mi dispiace questo tuo ordine. Ma inanzi che io uadi a far questo effetto; uorrei che si traessi per sorte chi debbe andare al mondo di queste anime, et che i corpi fossin fatti tutti: cio e d'ogni sorte vn'huomo et una femina; loro poi ne faranno della loro spetie de gli altri. Come

vuoi tu che io mandi l'anime a sorte. Chiamale inanzi a te, e falle torre i dadi, & quel corpo che sia già generato in corpo,

idest quella maßa di carne, sia fatta il corpo di quella prima ani=
ma che esce per sorte. O se vn'anima bella andrà in un con=
tadino? Che quel contadino facci effetti gentili. Et se l'ani=
ma d'un villano andaßi in corpo a un Signore? Che sia villa=
no a tutto pasto. La non mi uà per fantasia questa cosa, pure
io mi consiglierò & ragionerò con queste anime. In tanto ua
mettiti in ordine d'andare a far questo Stratagemma al mondo,
di cambiare vestimenti, & fallo quando ti vien bene. & tu in
tanto prouati a far trar la sorte per veder come la tratta queste
anime, ne corpi che la le conduce.

Pere. O che begli auisi son cotesti, non legger piu per hora vn'altra volta vdirò il
restante, forse potrebbono tornare in questo mezzo i nostri compagni, & dire
a bocca dell'altre belle cose.

Leg. Anchora io sono stracco di leggere, andiamocene adunque a
riposare.

GIOVE, ANIMA.

Gio. So che quel cattiuo di Momo fu presto ad andare al mondo, fa=
re l'effetto del tramutar gli scacchi, so che u'è chi l'ha hauuto di
pedina matto nel mezzo del tauolieri. In uerità che la cosa è
compartita bene, & mi poßo sempre saluare, ogni volta che mi
foße detto, ch'io uoglio che colui facci male: perche io risponderò
suo danno è egli cieco, che non poßi vedere cio che fa. O il
male uenne sotto i panni (come dir sotto coperta) del bene, &
la bugia sotto l'ombra della verità, & rimase ingannato: io me
ne sono accorto di poi. Si voleua aprir bene gli occhi, potrò
sempre dir io, perche t'ho io fatto l'intelletto, la uista, & perche
t'ho io dato la ragione se non perche tu sappi il fatto tuo bene
bene: uoi uoleui andaruene là alla bestiale, da bestie insensate,

e non

e non si fa così. Talmente che io mi potrò sempre aiutare con buone ragioni che dici anima?

Ani. Parmi che quando io haurò quella carne adosso (se io ci ritorno) che la mi occuperà una parte della vista, & non mi lascerà così bene come hora comprendere il vero.

Gio. Lo so anchora io questo; Colui che vede il fuoco dipinto, & uno gli dirà fratello come tu uedi questo fuoco, in effetto non lo toccare (& che conosca l'uno & l'altro) che ti abrucierà, non sarà egli un pazzo, a dire io vo prouare se glie uero, che facci quell'effetto. I Caualli traggono de calci; il Cane morde; se tu gli mettessi un dito in bocca per ueder se ti morde, o con hauer opinione che non ti mordessi, & che andassi dietro al cauallo sperando che non traesse, et poi il Cane mordessi & il Cauallo ti desse un calcio; di chi ti hauresti tu a dolere? Ma piu, se ui fusse uno che dicesse non gli metter le mani in bocca, & non t'accostare, & tu non l'ubidissi, sarebbe tuo danno, capitando male.

Ani. Queste ragioni mi paiono una cosa hora, quando sarò al mondo le mi parranno un'altra, come noi cominciamo a disputarle del sì, & del nò; Io ti so dir Gioue che ci sarà che dire da una parte & dall'altra.

Gio. Tanto è io ho dato a Momo l'autorità, & lui secondo che mi viene il fumo al naso, ha fatto il debito, & ui son rimasti gli huomini belli & alacciati. Onde ogni uno si duole, ciascun si lamenta; tutti suilaneggiano il mondo; parendo loro che siano stato mutati gli ordini, & le sphere, & io non ho fatto altro che scambiar i loro uestimenti.

Ani. Fatta la legge pensata la malitia. Tu gli vedrai hora per hauer la ricchezza far cose grande, & per hauere il piacere, qualche trouato senza freno, & senza ragione; & non cercheranno conoscerlo per via di verità.

Gio. Faccino a lor modo, se piglieranno il piacere, egli è forza che tocchino i vestiméti del Dispiacere, se torranno il Diletto, la Ricchezza, il simile sempre ui sarà il mallo da spiccare, inanzi che

O

si mangi la noce, et una dura scorza da rompere.

Ani. L'è stata vna cosa terribile veramente, o che cattiuo Momo, la gli andò per fantasia subito che l' vdì. Io prego Gioue; la gran bontà che vi stà nel petto, a non mi mandare in quei trauagli del mondo mai piu.

Gio. Qual cosa sarà, per hora non uoglio dirti altro ua uia, che io ho che fare alquanto.

MOMO, ET GIOVE.

Mo. O che bello stratagemma, o Gioue l'è stata la bella cosa, o quanti bei casi t'ho io da dire, che accaddero subito che io hebbi cambiato i uestimenti.

Gio. La douette parer loro ostica molto.

Mo. Et di che sorte. Il primo che rimanesse alla stiaccia fu un gran nobile di antica famiglia, il qual prese la Vergogna credendo pigliar l'Honore; prese il Pianto in cambio del Riso, & abbracciò la Morte in cambio della Vita. Et quando ei credette darsi Piacere, ne uenne il Dispiacere; cosi il Gioco et Riso si conuertì in pianto, & disturbo, & finì la uita, tanto con il vitupero quanto con il danno.

Gio. Sempre tu hai il becco molle, quando tu di male, & te ne rallegri alquanto. ma come non restauono eglino stupefatti di questo caso?

Mo. Anzi come statue di marmo. Io uidi uno che da poi che egli hebbe ottenuto il piacere da una sua amorosa; che affisso gliocchi in terra con uno star fermo, attonito, & quasi fuor di se, & poi con vn sospiro disse, hoime che non c'è cosa di buono in questo mondo. Vn'altro hauendo rubato, fu condannato a morte; & disse, il Mondo m'ha pur ingannato, come dire io credetti tor la ricchezza, et per conseguente la uita: & mi trouo esser pouerissimo & morire. Certi vendicandosi de suo nimici furon poi da vn precipitoso fiume assorbiti, & nel dar la uolta alla barca, dissono; tanto è stata la uendetta, quanto è il pagamento che ne sopragiunge, & in tanto si morirono; questa mi spiacque bene.

Gio. Non a me, non sapeuano eglino che l'andare con furia in quelle barche cattiue, male in ordine con cattiui nocchieri, in tempi contrari, & in fiumi precipitosi: che gli era piu facil cosa annegare, che arriuare in porto: apena campano le naui che vanno con i Peoti pratichi, & con tutti i fornimenti vtili & bisognosi.

Mo. Io n'ho lasciate parecchi da fare.

Gio. Quali?

Mo. Non ho uoluto che la guerra porti la gammurra della pace.

Gio. Hai fatto bene.

Mo. Ne la Bontà la cioppa della Tristitia; ne la Verità la faldiglia della bugia; che pensi tu?

Gio. Pensò se sarebbe bene a fare cotesto scambietto anchora.

Mo. Faremo cosi, che la Bugia, la Tristitia, la Guerra & altri personaggi, habbino vn velo da metterlo sempre dinanzi a gli occhi a coloro che uogliano uedere la Pace, la Verità, & la Bontà.

Gio. Che velo voi tu che sia questo, che possi impedire all'huomo, che non conosca la verità.

Mo. Quello dell'Amore che egli porta a le sue particolarità, della robba (scilicet) de figlioli de gli amici, delle femine che gli ama; & anchora che la gli sia detta, & che egli la vegga espressamente, come gli mette questo velo l'è fatta sicuramente.

Gio. Non mi pare honesto, perche dirà sempre e m'è stato messo dinanzi questa cosa da altri, che colpa ci ho io.

Mo. Doueui leuartelo che non è si gran cosa un veluzzo a dargli de la mano (della Risolution uera) dentro, & dire io uo cosi: si potrà rispondergli.

Gio. Non sarebbe meglio, metter loro inanzi gli occhiali di costoro, & gli huomini son curiosi di nouità sempre che se gli vedranno alle mani, se gli metteranno a gli occhi, & cosi scorgeranno vna cosa per vn'altra, in cambio di rimirar la Verità, vedranno la Bugia: & io potrò sempre dire, quando si dorranno. Tu sei vna bestia, si vuol cauarti gli occhiali, & guardar dirittamente; chi ti fece metter quei della passione in questo caso, & chi quegli altri della malitia in questo altro? cosi sarò bello è scusato. Chi non gli torrà vedrà il pel

MONDO

nell'huouo & conoscerà qual sia il bene, & qual il male.

Mo. Questa cosa mi và, ma auuertisci che sarebbe bene l'uno, & l'altro.

Gio. Fia troppo.

Mo. Almanco sia contento, che la Vanagloria, la Superbia, la Boria, l'opinion propria, & la Passione lo ponghino loro su'l uiso & la pazzia anchora.

Gio. Son contento, con questo patto; che se colui che è in caso pende da coteste parti; ma se non tira da cotesta banda; il velo non si metta altrimenti.

Mo. Gli stanno freschi; l'è fatta la cosa; et quale sarà quell'huomo, che non habbia una gran boria d'esser nobile o d'hauer i suoi nobili? o quell'altro che la Vanagloria delle lodi che gli son date non l'acciechi? Infiniti son poi gli altri che son superbi per esser ricchi, per Signoreggiare altri; & gli appassionati, non gli conterebbe l'Arismetica; Ci son poi coloro nella propria opinion di sapere in uolti, che tutto il mondo non gli terrebbe, che non si mettessero il velo, & gli occhiali; de i pazzi infinitissimo è il numero. O che bel garbuglio, o che confusione, che tresche, che girandole s'ha egli da vedere al mondo.

Gio. L'è detta, così ha da andare, forse che si racconcerà a questo modo.

Mo. Pur che non si guasti a fatto.

Gio. Anchora le case vecchie non gioua rappezzarle, chi non le spiana, & le rifà da capo, non fa nulla.

Mo. Gioue Io andrò a far questa faccenda al mondo per te.

Gio. Vedrai anchora quell'Anime che io mandai in quei corpi, così a sorte come tu mi dicesti, se le sono ite bene; perche se la cosa riesce, noi le manderemo tutte in tal maniera. Quanto che nò ci faremo prouisione.

Mo. Ricordomi la cosa.

Gio. Io feci de Contadini, & feci de Cittadini, de gli Artigiani, & de Signori breuemente, & poi mi feci venire l'Anime de Signori, de Contadini, de gli Artigiani, & de Gentilhuomini; inanzi, & gli feci trar la sorte; quell'Anima che traheua, o faceua piu punti andaua sempre via; & in quello istante, in quel subito, che era generato l'Huomo, o la Donna in corpo.

IMAGINATO. 55

Io. Non daui tu lor tempo d'andare.

Gio. Non io.

Io. O vuoi tu che si generi il corpo, & che l'Anima s'infondi dentro subito.

Gio. E par che tu non sappi, che dopo quaranta dì, la diuenta femina, & dopo i cinquanta maschio.

Gio. Non dir piu che questo non è il punto, tu entreresti Gioue hora ne l'infinito; ma dimmi se in quel punto l'anima d'un pouero fosse entrata in corpo a una ricca: O quella d'vn villano, in corpo a vna signora, quella d'un gentilhuomo in corpo a vna Contadi dina, & quella d'uno sciocco a vna sauia femina, o veramente d'vn ualent'huomo in corpo alla poltroneria, & cosi per il contrario & uattene là.

Gio. A suo posta; il dir patienza, la Sorte, la Disgratia, il Fato, il Destino, la Fortuna; acconcierà ogni cosa, & mi scuserà.

Mo. Hor su io vo. Aspetta Gioue, come scendono queste anime?

Gio. Tu vuoi saper hor troppe cose, fo loro vn par d'alle, o io toggo quelle di Menippo, & le presto a qualche vno di questi Dei, che ve la porti subito: & quando la Donna partorisce gli fo infonder subito quell'Anima.

Mo. Che baie tu mi vorresti far credere.

Gio. Vuoi tu sapere i miei intrinsechi secreti tu; se tu si sciocco che non conosca che io non te gli posso dire; la sarebbe bella che i Momi, s'intrinsicassero cosi con noi altri.

Mo. Tu hai ragione io ho fatto male a cercar tanto inanzi. Perdonami che n'è stato cagione questo tanto praticare il mondo. tu sai che chi pratica col zoppo se gli apicca del zoppo; Gli huomini di la giu anchor loro si son posti a uolerla intendere apunto.

Gio. Lasciagli trescare che non son mai per indouinare, questi nostri secreti, & queste nostre grandissime operationi, non hanno paragone in terra.

Mo. E par pure che voi habbiate dato loro vn certo che.

Gio. Si, ma e fanno il prosontuoso, chi porge loro il dito; e pigliano il dito & la mano. Hor va via, et non mi spezzar piu la testa.

Mo. Io uo, & so che io son per ueder di belle cose; & ridermene vn gran pezzo, che io dubito che quell'anime sieno entrate la maggior parte di loro in corpi tutti al contrario di quello che le meritauano; so che noi riformeremo il mondo domani, ah, ah, ah: chi non riderebbe.

MOMO, ET GIOVE.

Mo. NON mi mandar piu al **Mondo** o **Gioue**.
Gio. A pena che io ti conosco Momo?
Mo. Non è marauiglia se costoro si dolgano tutti, egli u'è vna cattiua stanza; & hora s'è fatta peggiore, & è sì il viuer cattiuo che a pena, io che tengo vn certo che da essere rispettato, poteua reggerci. Oime ch'io ci sono inuecchiato, quando andai la giù; spuntaua la mia barba; & hora l'è tutta canuta.

Gio. La cagione qual'è?

Mo. I lamenti empiano l'Vniuerso, & mi marauiglio che non ti assordino.

Gio. Dimmi qualche cosa.

Mo. Mille te n'haurei da dire.

Gio. Fa che io ne oda qualche vna che mi par vn hora mille anni di vedere di quell'anime che io mandai la riuscita loro, o tu sei inuecchiato, hor su di via che io ti ringiouenirò.

Mo. In prima in prima, tu sai che venne un'anima d'uno ignorante, & per sorte entrò in vn figliuolo d'vn Auocato di cause un' huomo da bene certo.

Gio. Che u'è pur qualche huomo da bene?

Mo. La sarebbe bella; nato che egli fu; il Padre lo fece alleuare, et amaestrare: ne mai studiò cosa che bene stessi, ne prese costume buono: alla fine per honor della casa egli lo fece adottorare in secretis, (o questa è bella) questo ignorante vedutosi togato si credette esser dotto, & si messe in dozzina, & quanto piu andaua in alto, tanto piu si suergognaua.

Gio. Suo padre doueua metterlo a zappare, ad andare alla staffa, o portare la zana.

Mo. Zanaiuolo staua bene perche ha le gambe torte.

Gio. Non marauiglia che lo fece Dottore, per ricoprirgli quelle brutte gambe.

Mo. La staffa non era per lui per hauere una personaccia scommessa et capo grosso, ergo alla zappa.

Gio. Al remo non sarebbe stato fuor di proposito. Ma dimene alcun'altra.

Mo. Se costui hauessi hauuto a giudicare come, sarebbe ella andata, (so che i giudici erano ridotti.)

Gio. Male, è vna, di via.

Mo. Vn cerretano fu auenturato vna volta, che venne vn'anima d'un baro a occupare il corpo d'un suo figliuolo.

Gio. Vna gran ventura certo.

Mo. Simile con simile non sta bene?

Gio. Che fu poi?

Mo. Per solleuare la sua casa questo Cerretano, mandò alla scuola questo suo figliuolo, il quale haueua vn'intelletto diabolico, tanto piu che peccaua nella uista babuina. Imparò molti principij di lettere costui, perche si sentiua l'ingegno suegliato: cosi toccò vn poco di tre o quattro linguaggi, montandogli poi il moscherino, si partì dalla sua patria.

Gio. Di che pelo era cotestui.

Mo. D'un certo color rossiccio smorto, & in uista pareua sempre amor bato, ma perche vai tu cercando cosi la cosa per il sottile?

Gio. Per ricordarmi che punto trasse quell'anima.

Mo. Douette trar tre assi il piu cattiuo che si possi trarre.

Gio. Cosi fu, seguita.

Mo. Andò costui per diuerse prouintie, fece diuerse truffe, mariolerie, solleuò femine rubando loro, & i lor danari, suiandole le teneua poi come schiaue.

Gio. Staua ben Signore costui.

Mo. Voleua ben sempre che se gli dicesse Signore.

Gio. O che bestia.

10. Egli haueua piu superbia che quei Giganti che tu fulminasti: e sopra tutto era parabolano perfetto.

Io. Essendo l'arbore di tal sorte, il frutto non doueua tralignare.

O. Aggiraua le persone costui, come arcolai, & sempre cometteua male fra gli amici.

P. Vna cattiua pratica d'huomo.

). Chi l'hauesse veduto & sentitolo vantare, & non l'hauesse conosciuto, s'hauerebbe pensato esser costui, vn qualche gran Signore.

. La douette esser quell'Anima che altre volte fu in vn altiero Cauallo.

. S'io ho a dire il vero e pagherebbe assai a esser tornato in Cauallo, perche a ogni modo, la fame lo sprona, et la sella de vituperosi ragionamenti di lui, gli sta sempre adosso, il morso della paura che egli ha d'esser da questo et da quello ch'egli ha truffati, bastonato lo rattiene che non camina troppo atorno, et i ferri che egli ha a piedi per pastoie de debiti, lo fanno stare in casa per non dire in stalla, essendo ella alquáto adornata di certe coperte tolte in presto, apparenti all'occhio. Vuol fare ciascun ricco che gli parla, o che gli fa riuerenza; dirà ben d'vno alla presenza, voltatogli le spalle, dice tutti i mali del mondo, & lui si muor di fame.

Gio. La tien del tristo questa pratica, costui ha altro che lettere, & debbe esser il piu solenne bugiardo & vantatore che sia al mondo.

Mo. Tu l'ha detto in vna parola.

Gio. Hor non me ne dir piu che mi fa stomaco questo ragionamento.

Mo. Bisognaua che fossero le parole, & lo stile equali al soggetto. In somma; il mondo o Gioue va tutto a rouescio, & so quello che ci auerrà, le genti sbalordite, da questa nouità, andranno come pazze, & cercheranno di aiutarsi; & quando e t'hauranno chiesto soccorso parecchi volte, non vedendo comparire altro aiuto ne i lor bisogni, si volgeranno a qualche vno altro che gli sollieui.

P

Gio. Tu antiuedi troppo Momo, chi vuoi tu che dia loro vn bicchier d'acqua, s'io non lo do io, & chi può piu di me.

Mo. Basta che la sorte facci lor succedere una volta vna cosa in quel tempo che n'hanno di bisogno, subito ti lasceranno, & ricorreranno sempre a colui che in quel punto parrà loro che gli habbino souuenuti.

Gio. Quali saranno costoro chiamati da loro.

Mo. Il Sole adoreranno; Il Fuoco, la Luna, vn Toro; mancherà pur che uolti loro la coccola basta, certo Gioue che le son gran cose che nel mondo succedono; mai l'haurei creduto; pensauo ben che vi fossi da fare ma non tanto.

Gio. È possibile che non si possa rimediare a tanto male che u'è : Io gli affogherò vn'altra volta.

Mo. Tu gli puoi anchora abruciare, a ogni modo se tu vi vuoi il mondo, è forza che la cosa uadia per mala uia.

Gio. Va poi e fa de gli huomini tu, quasi che io me ne pento, & so che toccherà a me a farne la penitenza.

Mo. Se tu vedessi Gioue (hora ci penso che'l male è fatto) i villani che son Signori, io credo che tu daresti loro mille bastonate, conoscendo come sono insolenti, egli u'è tale che comanda, che non sarebbe buono a seruire; noioso sozzo, bestiale, fastidioso, ignorante nimico della virtù; de buon costumi, & de gli huomini da bene. I Pedanti sono anchor loro saltati in banca, & fanno una riputatione, si stanno in un contegno che par, che sieno inuentori del passo di Saturno. Son poi nel procedere gaglioffi, nel dormire asini, nel mangiar porci, & nell'habito furfanti. Infiniti Signori, non curano piu di nessuno, se tu donassi loro la vita non ti diranno gran mercè. Senza numero son le donne sfacciate & dishoneste. I Giouani dissoluti non si dilettando d'altro che di mangiare, & di femine, i templi stanno come possano, i poueri cascano per le strade di fame, i bottegai et gli ar=

tigiani i due terzi viuano de ruberie; molti mercanti trapolano hoggi vno & domani vn'altro, così il mondo fa pelare l'un l'altro che ui habita. Dei ladri ue ne son le selue; & de gli assassini, così ciascuno viene da se & da altri ingannato. Hora che piglieranno una cosa per un'altra del continuo; noi saremmo a peggio ogni giorno. Bisogna saper fare vn certo gioco di carte, sapere essere adulatore, saper fingere, esser doppio, darsi al buffone, far professione con gran paroloni di brauo, di uoler tagliare, sbranare, rompere, spezzare, et rouinare il mondo: altrimenti ciascuno rimane vna bestia.

Gio. Come hai tu fatto tanto tempo?
Mo. Tanto male, quanto sia possibile, io ci sono, come tu vedi, inuecchiato.
Gio. Che non diuentaui tu Signore?
Mo. E son presi i luoghi.
Gio. Seruire a gli Idoli.
Mo. Inganno si manifesto non mi và.
Gio. Imparar lettere.
Mo. Che; per morirmi di fame, come gli altri dotti?
Gio. Scultore & Dipintore?
Mo. Ve ne son troppi de buoni, onde non haurei fatto nulla.
Gio. Architettore.
Mo. Non si fa piu Panteonni, Culisei, Terme, o templi di Diane, ma certe fabriche che paiono vespai.
Gio. Io mi farei dato a Nauicare.
Mo. To su questa; doue hai tu il capo Gioue, a mandarmi ad affogare?
Gio. Medico?
Mo. A star sempre con infermi, o che bella uita.
Gio. Banchieri?
Mo. Non vo fallire, ne dir bugie.

P ii

Gio. *Acconciarsi con qualche grande.*

Mo. **N**on vo seruitù.

Gio. *Che hai tu fatto adunque tanto tempo.*

Mo. **H**oste son stato, & ho hauuto il piu bel tempo che huomo che vi= ua (& emmi paruto doloroso & ribaldo) perche sempre haue= uo danari, vettouaglia, caualli, nuoua gente per casa, che dice= uano nuoue cose, onde andauo cercando tutto il mondo, senza vscir del mio alloggiamento.

Gio. *Adunque l'esser Hoste è la miglior impresa che ui si faccia.*

Mo. **S**ì pare a me. Là vien femine d'ogni sorte, huomini d'ogni fat= ta; là ui si fa tutti i mali che si faccino al mondo; Non u'e ca= mera che non ui sia la Lussuria al primo fischio; il Gioco, la Go= la, il sonno; & altri passatempi da mondani.

Gio. *Se tu hauessi lauorato?*

Mo. **R**otto gli sia le braccia a chi n'ha uoglia; ma non mi dir piu nulla ch'io sono hoggimai stracco di ragionare.

Gio. *Due parole anchora; poi ch'el mondo è guasto che faremo?*

Mo. **I**o non ci veggo altro rimedio che dare una regola a tutte l'anime, & quando le uanno giù la osseruino a grado per grado, come sa= rebbe dire, che i grandi stimassino i piccoli; i ricchi i poueri, i dotti insegnassino a gli ignoranti, i buoni fussino posti in buan grado, i cattiui abassati, che si spegnessino le Carte, i Dadi, si tormentassero i bestemiatori, i vitiosi si gastigassino, i tristi s'a= mazzassero, i ladroni si distruggessero, et gli otiosi si facesse= ro lauorare.

Gio. *Questa vltima è stata buona; và dunque Momo & riposati, & poi deteminare= mo quello che s'ha da fare.*

Mo. **D**a poi che io ho detto tanto, ragionerò pur anchora non so che, che mi resta da dire; Gioue, a me parrebbe che tu leuassi uia certe cose al mondo, et sarebbe bello, è fatto tutto bene.

Gio. *Quali sono?*

Mo. Le malattie, come tu togli uia queste, tu lieui mille cose bestiali, tutti gli inganni de gli Spetiali; tutte le porcherie de Medici, frappe, bugie, trouati, & crudeltà di Cerusia, tagliar, dar fuoco, rompere &c. O quanto bene farai tu Gioue.

Gio. Che altro?

Mo. L'Amor lasciuo, accioche non si dia la Giouentù tutta intenta a quello, a rubare a non imparare virtù.

Gio. S'io leuaßi l'Auaritia, la Gola, la Lußuria, l'Odio, l'Ira, la Superbia, l'Inuidia, l'Homicidio &c.

Mo. Non ne farai nulla, che troppo sono le loro Signorie impatronitesi, ciascuno le tiene in casa & l'accarezza; onde uolendo leuar coteste cose tutte; apparecchia pure vn fuoco, o un'acqua generale come l'altra uolta.

Gio. Leuar la forza a gli huomini, & fargli di terra.

Mo. Come la forza?

Gio. Che tanto potessi vn'huomo a combattere come l'altro, & a vsurpare, & se quindeci, venti, o mille assaltaßino vn'huomo, colui habbi tanta forza a difenderfi solo, quanto quegli altri tutti a offenderlo; quando vno vuole ingannar l'altro, che subito si scuopra, quando vno vuol male all'altro che se gli vegga nel viso ogni cosa. & essendo di terra tosto gli disfarò, & rifaronne de gli altri.

Mo. Basta quel leuar la forza, che la sia pari come tu hai detto, & il veder l'Inganno manifestamente; del resto, lasciagli pur rifarsi da loro: ma bisogna che tu scompartisca la roba, et il terreno equalmente inanzi, & poi gli facci equali, et la roba si lasci anchora finalmente.

Gio. Tre braccia di terreno sarà assai?

Mo. Infino in quattro a certi che sono vn poco lunghi di persona.

Gio. Questa cosa mi par giusta.

Mo. La sta bene: Hor uedi quanto s'e' penato ad acconciare il mondo, se non si trouaua questo mezzo, che tutte le forze alla fine fossero equali, & che la roba si lasciasse, & che quattro braccia

MONDO IMAGINATO.

di terreno ci empieſſe inſino a gli occhi, non ſi faceua nulla. Gioue non mancare di queſto, fa che i Grandi, et Piccoli, Ricchi & Poueri habbino equalmente queſto terreno.

Gio. Lo farò certo.

Mo. A Dio generatione humana tu ſtai freſca, di terra ſei fatta, & terra tornerai.

Gio. Come tu ti ſei ripoſato, andrai nel Mondo Miſto, & menati tutte le anime dietro, & ſtà di ſopra in tante nugole, & farai vedere lo ſtato paſſato ſuo, a ciaſcuno, & moſtrerai poi l'ordine che io ho fatto, & chi vuole andare a godere vadia, & chi vuol reſtar reſti, & intendi a vno per vno l'animo ſuo.

Mo. Tanto farò, et il tutto verrò a riferirti.

L'ACADEMIA
PEREGRINA
E I MONDI SOPRA LE MEDAGLIE DEL DONI.

DEDICATA ALLO ILLVSTRISS. ET ECCEL. S.
IL SIGNOR PIETRO STROZZI.

IN VINEGIA NELL'ACADEMIA P.
MDLII.

ET VORREI PIV VOLERE,
ET PIV NON VOGLIO;

ET PER PIV NON POTER,
FO QVANTIO POSSO.

MONDO MISTO
DELL'ACADEMIA PEREGRINA, DEDICATO ALLO ILLVSTRISS. S. PRIORE, IL SIGNOR LEONE STROZZI.

MOMO conduce l'Anime a confiderare lo ftato loro, et vuol feco molti Philofophi con i quali egli ha diuerfi ragionamenti.

MOMO, ANIMA.

VIEN quà Anaſſagora; tu che fufti al Mondo vn'huomo da bene, et che ftudiando forſe trenta anni, venifti a eſſer capace che tutto ciò che fi poſſiede è vna baia: onde lafciate tutte le ricchezze che haueui, ti mettefti a cercar tutto il mondo, non per altro che per imparare. **Tu sei pur hora in Cielo!**

Ani. Io sono nella patria mia, già non desideraua io altro al mondo, che venire ad habitarla, però dissi io a colui, che mi riprese ch'io lasciaua la patria, anzi non chieggio altro che la patria mia, & a vn tempo alzai la mano, & gli mostrai il Cielo.

Mo. **T**u facesti veramente gran proue della tua costantia; Dimmi il vero quando ritornando alla tua patria (dopo che haueusti peregrinato vn tempo) trouasti le possessioni tue distrutte, & che te ne rallegrasti, haueui tu quello nella faccia che nel cuore? Cosi quando ti fu detto il tuo figliuolo è morto, et tu rispondesti io sapeuo che era mortale, le son gran cose da tollerare queste, a non si risentire perdendo i figliuoli, & la roba.

Ani. Sappi Momo, che io hebbi sempre l'Intelletto eleuato a questa parte, ne mai posi il cuore ad amar cosa mortale, però risposi a colui che mi dimandò a che fare io era venuto in questo mondo, (perche non istimaua, ne degnaua nulla) a contemplare il Cielo. Vedi s'io mi curauo poco delle cose di la giù, che perdendo tutti gli huomini d'Athene non me ne curai, anzi dissi; loro hanno perduto me.

Mo. Contempla vn poco quãta infelicità è la giu in quello oscuro mondo, in quelle tenebre doue tu eri; vedi quanta infelicità vi regna. Vedi quel pouero virtuoso che uà dietro a quel ricco per viuere, & s'affatica giorno & notte per vscir di miseria?

Ani. Lo veggo, & scorgo quell'altro, che di tanta sua fatica, di tanto suo sudore, di tanto assiduo studio, & di si lunghe vigilie ha riceuuto si poca mercede che apena si puo cibar miseramente.

Mo. Ecco la giu quel ricco, che gli soprauanzano i uestimenti, gli traboccano nella cassa i danari, & tutti lo aplaudano, & riueriscano; qual ti pare piu felice virtù?

Ani. Nessuno certamente è felice al Mondo, anzi coloro che son riputati miseri son felici: perche la felicità non consiste nelle ricchezze, & ne gli honori; ma nel contento dell'animo.

Mo. La conclusione è che i ricchi non hanno mai un'hora di riposo nel cuore, et il pouero come ha sodisfatto alla necessità della Natura,

si quieta; conciosia che non ha quei gran maneggi, sospetti, &
paure, che ha vn ricco; & insino che'l bisogno del sostentarsi
non caccia il pouero stà sempre in riposo. Ma di questa po=
uertà Diogene che fu il primo pouero huomo che fosse mai; poi
che haueua per casa vna botte ci saprà dir qualche cosa; satti
inanzi, come ti contentaui tu in quello stato pouero?

Ani. S'io hauessi voluto esser ricco, non credi tu che io mi fossi saputo cacciar la Po=
uertà d'attorno? O Momo ella è la gran dolcezza esser pouero; Ma questa
dolcezza non si può già hauere, se tu pigli la ricchezza per paragone, o ri=
guardi i vestimenti di due huomini; l'vno ricco & l'altro pouero: o il fausto
& pompa. Ma piglia la Natura per ispecchio, & il suo contento. Chi vestì
mai peggio di mè, che haueua vna tela semplice indosso, & dormendo in quella
mi contentaua. La mia tasca era l'Erario, il Granaio, & la Cantina: Se tu
sapessi che bella cosa è esser libero; ciò è non hauere alcuno che ti comandi, tu
stupiresti. La Crapula è vn'obligo nel tempo della tua vita, vna seruitu non
conosciuta; La Lussuria similmente ha tanto di veleno che ciascuno s'amazza

Q ii

con esso , & se il dispiacere venisse inanzi , si come e vien da poi ; Credimi Momo che non sarebbe alcuno che la volesse vsare .

Mo. Certo Diogene che tu eri fuori di gran fastidi , & di gran rompimenti di ceruello . Quell'andar dietro a vna femina, & satiarla de suoi apetiti, colmar le sue voglie, sodisfare a suoi ghiribizzi & humori intollerabili , è vn gran trauaglio dell'huomo & perche ? per distruggersi la vita, distemperarsi lo stomaco, & rouinarsi la complessione . Quello hauere anchora a dispensare il tuo ad altri a dispetto (bene spesso) della voglia tua , & vedertelo furare, trafugare & stratiare molte volte per dispetto; ti fa gridare a corr'huomo: a chi do io il mio , doue spendo io i miei danari ? guarda chi m'ha a consumare al mio dispetto . Et se per sorte il ricco cade in pouertà ; Ecco che egli ha sempre al cuore vn affanno, vn peso, vn cordoglio intollerabile, vn giogo graue, vna macine che lo stiaccia tanto che di dolore e crepa vltimamente . Et s'egli s'abatte a essere ignorante si muore in vna stalla; perche non ha anco tanto ingegno di ridursi allo spedale . Ma dimmi, perche gridaui tu sotto quei portichi , che t'importaua egli che facessero bene o male ? Tu ti daui troppi impacci .

Ani. Doue n'andaua l'honore di Dio , & doue il vitio s'exercitaua che era contro a Dio , non poteua tacere , ma delle cose terrene , o che s'aparteneuano a me, me ne faceua beffe , cosi facesse ciascuno , che ogni volta che si vedesse mettere a effetto le cose mal fatte , si sgridasse a i mal fattori ; forse che'l Mondo non andrebbe come ei và .

Mo. Tu fosti sempre vn certo huomo fatto a tuo modo; perche non toglieui tu vna casa , come gli altri ? et lasciar la Bote , per metterui del Vino .

Ani. Io beueua dell'Acqua , però non haueua questa auertenza, & quello hauer casa è troppo gran rompimento di testa , a tener serrato , & aperto ; quando hebbi male ne tenni vna , & alcuni danari , i quali mi furon tolti , & colui che me gli tolse mi fece piacere , perche fui fuori di quel pensiero , & dormiuo piu

MISTO. 63

quieto. Fui sempre d'animo generoso, & lo dimostrai; guarda quando io fui preso & venduto per ischiauo che l'animo mio si perdesse in quella miseria, anzi si fortificò, perche domandandomi il Patrone ciò che io sapeua fare (credendo di comandarmi poi) io gli risposi; so comandare: onde caduto l'animo a lui per la mia risposta mi fece libero, & mi diede i suoi figliuoli che io comandassi loro & insegnasse. Onde di seruo venni Padrone; perche quell'animo suo che era vile non haueua da comandar veramente al mio generoso. Quando mi fuggi quello schiauo, guarda che io l'andassi cercando, perche sapeuo viuere senza vno piu vile di me; piu basso, & piu ignorante, cosa che non sanno far molti, i quali si lasciano gouernare & reggere a chi è da manco di loro; i l'hò per viltà d'animo. Io mi teneuo piu ricco de i Re de Persi, perche al Re gli mancauano molte cose, & a me nulla. Forse che io faceuo largo, o dauo la strada ad Alessandro quando passaua.

Mo. Hoggi tu staresti male al mondo che bisogna, dar la man dritta, bisogna sberrettarsi, inchinarsi, humiliarsi, & altre cose.

Ani. Coloro che vogliano o Dignità, o Stato, o Roba, o Seruitio fanno cotesto, io che non me ne curo non mi mouerei del solito mio; & se mi dicesse tu non mi temi, tu che hai di bisogno, farei la risposta che io feci ad Alessandro che non haueua bisogno d'uno Schiauo de miei schiaui, i danari erano in poco conto appresso di me, io gli teneuo per famigli, & egli per padroni. Lui si lasciaua da molti vitij signoreggiare, & io gli tenni per ischiaui. Che ti parue di quella, quando io chiamauo gli huomini che mi venissero a vdire, & quando corsero, gli scacciai mostrando loro che erano bestie, perche da bestie viueuano.

Mo. Tu dicesti di belle cose veramente, quella mi piacque, a dire se tu vuoi fare vna grande ingiuria a un tuo nimico, fa che tu sia vn buon huomo; Scaccia da te quello che tu vituperi in altri. Meglio è visitare il Medico, che esser da lui visitato. Tu hai guadagnato poca dolcezza, con molta amaritudine; a colui che tolse donna lo dicesti. & a quell'altro che gli morì la figliuola; che egli haueua acquistato vn buon genero in quel giorno. Ma tu toccasti anchora delle busse, & ti fu sputato nel viso piu volte.

Ani. Momo hai tu sempre da ragionare con Philosophi? noi altri ci siamo per vn ripieno in queste nubi; non odi Momo.

Mo. Che prosontion è questa? chi mi chiama, chi sei tu?

Ani. Sono vno che hebbi in mia libertà di torre la vita e i regni a molti, la ricchezza è l'essere a infiniti, & ciascuno si fidaua de fatti mia.

Mo. Che arte era la tua?

Ani. Ero Barbieri.

Mo. Dhe vedi chi ha disturbato i miei ragionamenti, che haueui tu paura che si facesse notte, non sai tu che in Cielo non è mai sera, ci sarà ben tempo da cicalar teco; ma che vuoi tu ch'io ragioni con vn par tuo, se non del pettine & della lauatura de capi. Forse che tu mi sapresti dire cosa alcuna del mondo, a star sempre a lauare, & pettinare, arte vile, genti vili & meccanice.

Ani. Non ti distendere tanto Momo, che se alcuno sà i fatti del Mondo le nostre barberie ne sono Historia, perche d'ogni sorte gente vi capita a ripulirsi di uarie nationi, di diuersi habiti, di strane lingue, di bestiali mostacci, di brutte phisionomie, & di verità, & di bugie, ciascuno ne porta vn carico.

Mo. Che ti par del mondo adunque, poi che tu di, di sapere cose assai.

Ani. Quanto s'aspetta la prima cosa all'arte mia, e mi paiono vna gabbiata di matti coloro che u'habitano, perche delle migliara che io tosaua, lauaua, pettinaua, & raffazzonaua: mai acconciai l'vno come l'altro. a vno bisogna tagliare, l'altro si vuol pelare, questo radere, & quel nò. Chi tien la zazzera lunga chi corta, & chi non la tiene; molti uogliano la barba lunga; molti tagliata mezza, bifolcata, tonda, rasa, con i mostacchi, senza mostacchi; chi raso disotto chi disopra, dalla collottola, sotto la gola, & altre bizzarie, sconciature, & acconciature. I Giouani desiderosi d'hauer la barba si fanno radere spesso; I vecchi per ringiouanire se la fanno tingere. Onde io sopportauo vna pena insopportabile, & staua ad aspettare il guadagno, come i Rondoni l'imbeccata o che trista arte, o che exercitio vilissimo.

Mo. O tu diceui poco fa che gli era grande.

Ani. Sì, quando si lauano i capi di Re, de Signori, & de Ricchi, ma hora io veggio che tanto è vn capo come l'altro, & vo pur vedendo s'io ci veggo differenza alcuna, & non ce la trouo: in modo che lauai terra mi pare a me.

Mo. Voi vi fate quel Mondo vostro, & u'accommodate come s'haueste a hereditarlo.

Ani. Fu ben tempo, che io non credeuo morire, & vi stauo volentieri.

Mo. Tu puoi tornarci?

Ani. Non farò, che io non voglio che lo stento s'impatronisca del fatto mio.

MISTO. 64

Mo. Lieuamiti dinanzi adunque, a che fine venesti tu a rompermi il capo.

Ani. Voleuo dirti de gli Stati de gli altri huomini, perche nel ragionare lauando la Zucca a molti, ciascuno mi diceua il fatto suo.

Mo. Non lo saprò io da costoro che sono in queste nube, non vedi tu quanta turba c'è? Che sono infiniti. Fatti qua tu che non mi hai cera di star troppo in questi paesi.

Ani. Anzi non voglio star altroue.

Mo. Chi fosti tu al mondo.

Ani. Fui Scarpellino, & Poeta.

Mo. O uè discordanza che è questa, come dir sartore & Barbiere, che scarpellaui tu, & componeui?

Ani. Io m'haueuo fatto vn bel libro di monti, mari, sterpi, & valli tutto in rima.
Di fiori, fioretti, ombre, herbe, & viole,
Poggi, campagne, & poi pianure, & colli,
Con fonti, gorghi, prati, riui, & onde.

MONDO

Mo. O tu cicali in uersi sì Petrarcheuolmente, io ne vo fare una querela in Parnaso, andrai pur là, che tu non istai bene fra noi altri, uà fatti infraschare di quei Lauri.

Ani. Piaggie, liti, scogli, venti, & aure,
Cristalli, fiere, augelli, pesci, & serpi,
Greggi, Spelunche, armenti, tronchi, antri Dei,
Stelle, paradiso, ombre, nebbie omei.

Mo. Costui è pazzo, odi uersi, sapeui tu far altro? O haueui meßo altro nel tuo libro.

Ani. L'Edere d'Hipocrene, gli amenißimi piatani, i diritißimi habeti, l'incorruttibil tiglia, le Canne di Menelao, le quercie di Dodona, i mirti d'Aganippe, i nodorosi castagni, & gli Eccelsi Pini.

Mo. Dategli vn poco quella tazza che bea.

Ani. S'io beo che mi farà egli?

Mo. Bei, & poi te lo dirò. Vedi che ci si leuò dinanzi, costui è ritornato nel mondo, io so che la Poesia è risuscitata per vna volta.

Ani. Tu hai fatto male o Momo a rimandarlo al mondo, ohime che goffa cosa è egli, non era meglio dargli vna presa d'Elleboro & purgargli il ceruello, e si morrà di fame.

Mo. Non, che e suona di Lira in Banco, & adopera il mazzuolo a scarpellare acquai, e camperà bene vn tempo, in tanto egli imparerà a far meglio i versi, & del suo senza rubare quel d'altrui. Chi vuole andare a fargli compagnia?

Ani. Momo, io ci andrei volentieri, ma perche io beuui dell'acqua del fiume Lete non mi ricordo chi io mi foßi, ne quel che mi feci. Di gratia fa ch'io vegga (se si può) il mio stato, & poi dirò se mi piacerà il tornarui.

Mo. Tu dormisti cinquecento anni.

Ani. Come cinquecento anni; non io, non ci voglio tornare per dormire, non marauiglia che io non mi ricordaua, sì, sì, egli c'è bene stato al mondo, alcuni che desiderauano di dormire: ma che? la vita nostra è bene vn sogno, & la morte vn lungo sonno, ma dapoi che io dormi tanto non mi curo di dormir piu; son risoluto di starmi quà sù.

Mo. La miglior parte eleggesti certo. Hor uà doue tu vuoi come hanno fatto

fatto tutti quegli altri che io ho fauellato con esso loro, & io in
tanto ragionerò con questi che ci sono, tāto che io sappi il parere

di ciascuno, andrete poi tutti da Gioue, & fareteui cōsignare
vna stalla, o qualche atomo, o altro luogo, & quiui starete a
vostro bell'agio.

MOMO, ET ANIMA.

CHE Anima è questa che vien volando così infretta inuerso il
Cielo; Oime che nuoua cosa è questa che la sia carica così di
non so che.

Ani. Pur ci arriuai; mai l'haurei creduto che questa volta ci andasse tanto tempo ad
salirci, egli è pur settanta anni che io salgo del continuo, & apena son giunta,
& quando scesi feci il uiaggio in un subito, non soleua già penar tanto.

Mo. Anima chi sei tu, che nuouamente sei salita?

Ani. Quando io conosca con cui io fauello, non mancherò di mostrare tutto il mio intento.

Mo. Io son Momo, & queste son tutte anime preparate per andar al mondo, se le si contenteranno, et tu anchora, se ti piace, potrai fare il simile, & questa autorità me l'ha data Gioue.

Ani. Tutto ho compreso in poche parole; Io sono l'Anima d'vno Academico Peregrino.

Mo. Che cosa è Academico, o Peregrino?

Ani. Academia è vn certo luogo detto così da quel di Platone, doue noi ci riduciamo insieme molti letterati, & colui che piu sà insegna a gli altri; Chiamasi ciascun di noi Peregrino, perche Peregriniamo, per arriuare a questa Celeste habitatione. Ecco che io ho finito il mio viaggio, & mi quieto.

Mo. Che vasi, o cassettini nuoui son cotesti? perche non ci suol venire mai alcuno con simil carichi; che significano eglino?

Ani. Son certe Medaglie d'huomini che la Fama m'ha dati ch'io gli porti meco, le quali sono state fatte da vno Academico nostro, se vi piace vedere che cose le sono; Eccole quà vedete.

Mo. O le son la bella cosa, d'Oro, d'Argento; ce ne son di Rame anchora; Quest'altre; di che mestura sono.

Ani. D'Archimia, come dir false.

Mo. Gettale giù queste, che in questo luogo non ci stanno bene cose false, gettele giu presto, gettale via.

Ani. Ecco fatto.

Mo. So che tu ce ne haueui portate parecchi; queste son cose da vedere a bell'agio; Gioue potrà pur dire che sia stato portato nouità in Cielo, o come è bella questa, la mi par Diuina; Questo essempio veramente è cauato da tutta la bellezza de gli Dei. Saluale, perche adesso non ci e' agio di vederle, con piu commodità di tempo le vedremo. Basta hauer dato vn'occhiata alla materia, dimmi che si fa al mondo hora?

Ani. Si stenta.

Mo. Adunque da che io mi partì di là, noi siamo a quel medesimo.

Ani. Io ci sono stato molte volte, & sempre l'ho trouato a vn modo; Io son deliberato di prouare tutti gli stati, già ho scorso vna gran parte dell'esser delle bestie, & vn'altra de gli huomini.

Mo. Con teco voglio io ragionare, che mi saprai dire ogni cosa, & in tanto quelle anime che saranno state come te potranno risoluersi di ritornare, nel loro stato, & se tu non dirai il vero, potranno emendarti; Chi fusti tu la prima volta?

Ani. Vn Cauallo, de piu bei caualli che fossino al Mondo, fui comprato gran prezzo molte volte, & certo che io feci proue stupende per bestia.

Mo. Chi ti comperò, douete esser qualche gran maestro.
Ani. Vn Consolo, che i Romani mandarono in Persia; Io non mi ricordo del nome, fu d'vn gran sangue, & huomo molto sauio, lui mi comprò in Grecia che io doueuo hauer trenta mesi, egli mi domò & fu il primo che mi caualcasse.
Mo. Il tuo Patrone tenneti egli sempre, o pur ti donò, o uendè ad altri?

Ani. Poco tempo mi godè egli, che per le parti di Roma, non so in che modo: e non v'andò sei mesi che vn altro Romano lo fece decapitare, & fu sì crudele che non volle che fosse sepelito. Venne in questo reggimento vn'altro Romano (o come sono smemorato, non mi ricordo del nome) et vedendomi sì bello & sì brauo, mi comperò cento mila sesterzi. Vna volta si leuò vn tumulto & si diede all'arme nella Citta d'Epiro, nella quale egli faceua sua residenza, egli in questa furia fu non solamente amazzato, ma strascinato per tutto, tanto che se n'andò in pezzi.

Mo. Se tutti coloro che ti fossero stati padroni, haueßero tenuta cotesta strada, pochi caualcatori haureste hauuto, quanto ti gode costui?

Ani. Vn anno, poi m'hebbe Caßio, (pur mi ricorderò d'vn nome) che in termine di due anni fu in vn desinare auelenato, & fu sì fatto il tossico, che in manco di vn'hora egli, la moglie, & i figliuoli tutti si morirono.

Mo. Tu haueui vna cattiua ventura, poi che tutti i tuoi Padroni moriuano.

Ani. Veramente io fui molto disgratiato in questo.

Mo. La disgratia cadeua sopra di loro, mi pare a me; tu viueui, & senza far proue te n'andaui pascendo, et bene doueui esser trattato. A che mano arriuasti tu poi.

Ani. Marc'Antonio mi comprò, & donò tanto a colui che me gli fece hauere, quanto al padrone che mi teneua, & non v'andò alcuni pochi mesi che Ottauio Augusto, gli diede quella battaglia maritima; come Marc'Antonio morisse si sà.

Mo. So che tu non mi saresti stato vn'hora nella stalla, sì cattiua ventura portaui teco.

Ani. Vltimamente io venni nel tempo, & m'era venuto a noia il viuere, & comprandomi vn Caualiere d'Asia m'adoprò circa vn'anno, vna volta passando vn fiume bestiale, io determinai, da che io haueua da stentare, finire la vita, & far del resto, così mi gettai giù, & annegai il Caualieri & mè a vn tratto, & il sepulcro nostro fu il fondo di Maratone, che così si chiamaua il fiume.

Mo. Non so come Gioue comporterà che tu paßi queste nubi, non credo che ti voglia seco, perche coloro che sono, stati, o saranno bestie non mi par honesto che vadino piu su.

MISTO. 67

Ani. Vn'altra volta fui vn Gallo, & vn'altra fui vna Ranocchia.

Mo. Se tu m'haueßi dato nelle mani come a Mecillo, ti haurei tirato il collo, & come ranocchio fritto in vna padella, che proue facesti tu eßendo rana?

Ani. Che non feci io infino nelle battaglie fi sà delle mie proue, non fai tu quello che io diedi per dote già a quel bel giouane che fcriue Plutarco che haueua quei due fratelli, & che tutti a tre tirauano fi ben d'arco.

Mo. Non io non so nulla.

Ani. Se ti piace afcoltare, io la dirò.

Mo. Hor feguita.

Ani. Vn Padre (farò breue) hebbe tre figliuoli, i quali tirauano di baleftro a capello, & a colpo per colpo, haurebbono dato in vn fondo d'ogni gran tino. Venuti in età di tor moglie, fi come fcriue Plutarco nella terza parte delle fue vite, furon pofti in cima d'vna torre, & che ciafcuno tiraffe vna pallottola con il fuo faeppolo, in quella cafa doue ei voleua, & perche di quella haurebbe (ef

MONDO

sendoui fanciulle) mogliera. Trassero i due primi, doue volsero, onde ciascun di loro hebbe la moglie che gli piacque: il terzo che non haueua luogo determinato, lasciò andare a ventura, & credendo dar ne calcagni, a vn bisogno; diede nel naso; così trasse in vn pantano pien di ranocchie. Hor pensate quanta baia daua tutto il mondo a costui, con dirgli, o che bel tirator di balestra, o che bel Giouane da marito, dategli vna ranocchia per moglie a costui. Il padre tutto il dì lo rimbrontolaua, & lodaua gli altri che haueuano saputo trar sì amira. Onde disperato il pouero Giouane, se n'andò vna notte sopra quel pantano, & quiui si cominciò a dolere, & si diede a piagnere fortemente.

Mo. E poteua piangere, che hanno a far le Rane del pianger de gli huomini; O che baie tu ci vieni a raccontare in queste nubi, se le parole si potessero scorgere, forse che tu non le diresti, ma chi è questo che sale di nuouo, lascialo arriuare; ma sta saldo, egli va in là; Oimè e vola ben alto; e son due: hor vadino doue si voglino, seguita il tuo ragionamento.

Ani. In questo, io che era vna Ranocchia & sapeua tutti i secreti, mi feci vna bella Ninfa, & lo trouai, & confortandolo lo menai a vn'altro mondo, che sotto acqua, nel quale vanno tutti coloro che si rompono in Naue per il mare.

Io credetti che gli affogaßero.

Quei che mai piu non si riueggano non affogano altrimenti, ma vanno in altro mondo, nel quale si dà a ciascuno ciò che egli vuole, si satia, si contenta, et breuemente, chi va di là non ha mai piu bisogno di cosa alcuna.

Che fece questo Giouane; poi che tu fosti Nimpha, o che bella Nimpha doueui tu essere.

Ei ne venne meco, & cosi gli diedi vna bella figliuola per moglie, vna delle piu belle fanciulle che si trouaße mai.

Et la dota?

Vna Noce & non altro, & quando fu stato vn tempo in festa, triompho, & gioia lo rimesi in quel luogo di donde lo leuai, & gli imposi che non apriße mai quella Noce, ma che la lasciaße rompere a suo padre; cosi con quella Noce, & con quella Fanciulla ben vestita lo rimesi in terra.

Il Padre se ne douette marauigliare.

Piacquegli la Fanciulla, quando hebbe vdito il caso, il modo, & tutto, & temeua a romper quella Noce, dubitando di qualche grandissimo accidente. Pure forzato da tutti, & dal bisogno, vna mattina essendo a tauola la sbattè in terra. Et in vn batter d'occhio quando fu aperta quella Noce, la quale era fatata, saltò fuori Damigelle, Seruitori, Caualli, Palazzi forniti, & lor medesimi senza muouersi da tauola si ritrouarono a vna mensa superba, ricca, piena di viuande & d'argenti, hora non vi potrei dire quanto fossero i thesori, che egli hebbe, e furon tanti che n'hebbero tutto il tempo della lor vita; i figliuoli loro, & i figli, de lor figliuoli.

Tu fosti vna buona ranocchia, ma cattiuo Cauallo.

Tutti coloro che hanno hauuto di questo thesoro, hanno sempre fatto nelle loro arme, qualche Rana, & anchora hoggi ne sono al mondo di coloro che tengano delle Rane per arme, & le mettano anchora nelle imprese.

Questo thesoro, doue andò alla fine.

Quando io fui Gallo, la seconda volta lo portai io in Gallia; mancando la linea della Ranocchia, & lo messi tutto ne templi della Città di Tolosa. Che fu poi rubato al tempo di Scipione, il qual fu vn mal thesoro, per chi lo tolse, e in vero egli era delle Fate, & non voleuano che si toccaße.

Finisci questo ragionamento; chi sei tu hora?

Sono il Corrieri Academico, & inanzi fui Pittagora Filosopho.

Mo. *Tu vuoi tornare anchora al mondo?*
Ani. *Sì voglio, ma vò lasciarui queste medaglie d'Oro per ricordo.*
Mo. *Da quà, & và doue tu vuoi, & entra in che corpo ti piace.*

MOMO, ET ANIMA.

QVESTO Pittagora è stato vn terribil fante, và di poi tu, i mercatanti non faranno figliuoli; Philosophi, che gli fa studiare, è fanno tutto: ma chi gli lascia andare a torno scapestrando, & non facendo cosa alcuna di buono, ne dando lor costumi ciuili, e pigliano la piega che dà loro la Natura. Pitagora rimesse su la buona via la Città di Gerondia, Pittagora trouò la Musica con quel batter de Martelli; Pittagora si pose nome Philosopho cio è amator delle virtù. Fu huomo eloquente tanto che faceua marauigliare i Re, fece i suoi discepoli tanto fedeli l'vno all'altro, & amoreuoli, che ciascuno per l'amico metteua la vita. fu riuerente alla verità; confessò Iddio; mostrò che l'huomo che ha superbia non è libero; disprezzò le ricchezze, come cosa che dandole via le si fuggano; tenendole non son buone a nulla; Quanto egli habbi hauuto di pazzo è stato questo trasformarsi hoggi in vno, & domani in vn'altro. Volete voi altro che gli huomini per i suoi buoni portamenti gli fecero vn tempio come a vno de loro Dei.

Ani. *Lasciami andar Momo anchora me al mondo; perche io voglio essere liberale tanto quanto io fui misero, & secondo che io attendeua del continuo a empier la borsa, gli voglio spandere a pugni i danari, per l'auuenire, & ho caro di tornarui per sapere che cosa sia piacere; perche mai per l'Auaritia mia mi diedi buon tempo.*

Mo. *Sarà difficile che tu ti rimanga di cotesta miseria; ma doue harai tu i danari?*

So bene

Ani. *So bene doue sono, i gli sotterai, & son tanti, che fabricherebbono cento Città, lasciami andare, ho io a far nulla per te Momo?*

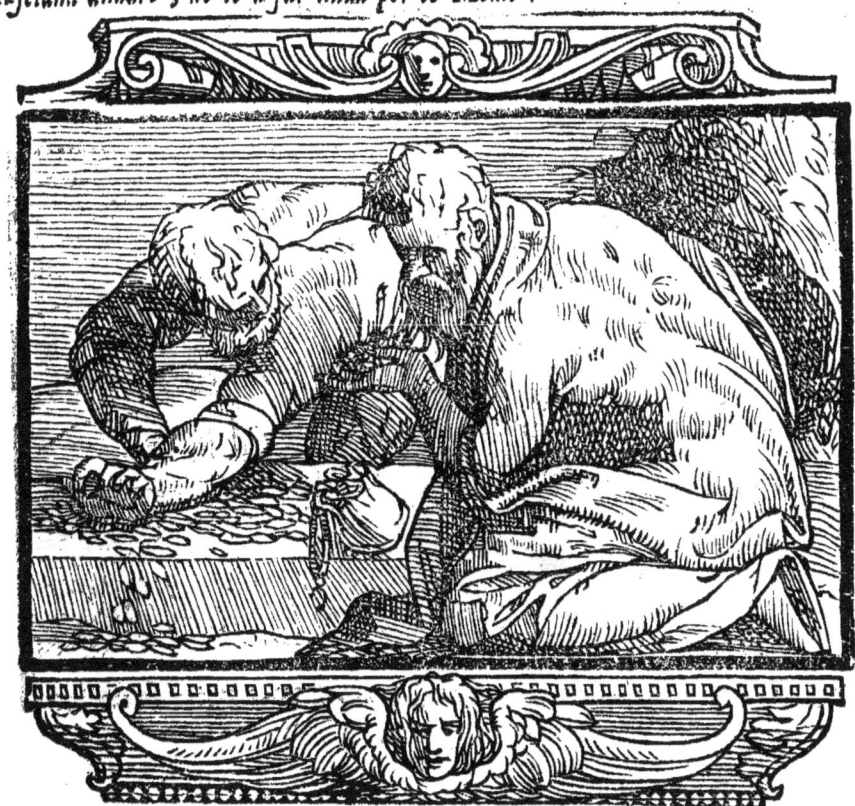

Mo. **N**on altro, ma se per sorte tu diuieni piu misero che mai, io ti prometto di far che Gioue ti saetti, & ficchi nel centro della terra, che mai piu sia veduto ne qui, ne altroue.

Ani. Cosi sia.

Mo. **C**redete voi che costui si rimanga della sua tristitia; madesi, egli ha fatto l'osso ma io gne ne farò nascere. Attendete anime a rimirar le vostre passate miserie & i piaceri che hauete nel mondo hauuti, & chi vuol tornare si facci inanzi. Sarebbe mai il mondo alla fine, poi che alcuno non ci vuole andare, vien quà Giouane, tu m'hai vn buono aspetto, tu saresti il proposito a ritornare al mondo.

Ani. *Io mi amazzai, quando conobbi esser l'anima immortale, guarda s'io voglio andare a tormentarmi un'altra volta.*

MO. Chi sei tu?
Ant. Empedocle fui chiamato; fui inuentor dell'arte Oratoria.

MO. O come ben facesti, però fia bene che tu ui torni, che tu la inse=
gnerai a mille huomini che son castroni in cotesto essercitio & si
tengano Tullij.

Ani. A lor posta, che mi fa egli a me, io sapeua anchor cantare per Eccellenza.
MO. Tanto meglio, perche rassetteresti le discordanze che ui si fan=
no hoggi di.
Ani. Haurei che fare assai e son piu i cattiui musici che i buoni senza numero.
MO. Fa tu, vattene adunque doue ti piace.
Ani. Io ho riguardato Momo i miei fornelli vn pezzo, i miei scartocci, guastade, am=
polle, lambicchi, herbe, mantici, carboni, ancudini, zolfi, argentiuiui, et
orpimenti, & ho vn gran piacere di quel beccarmi il ceruello che io faceua.
MO. Tu douesti essere archimista. Tu n'hai ben cera d'affumicato,
& che vorresti tornare a gonfiar boccie?

MISTO. 70

Ani. Sì io andrei à lambiccar volentieri vn'altra volta, la borsa di questo & di quel l'altro corriuo, con pascergli di quelle speranzaccie di fargli ricchi.

Mo. Va in malhora, & in mal punto chi è castrone suo danno, chi si lascia ingannare à questi bari, vadi in mal'hora anchora lui.

Ani. Egli n'haueua cera, ma facendo il grande non lo haueuo per Archimista, e parlaua di due ò tre sorte linguaggi.

Mo. E fauellaua il mal che Dio gli dia, le son certe cose che le ha imparate come le gazze: io lo conosco ben io, egli è un frappatore, parabolano, & ha fatto bene ad andarsene di qua sù, che io lo voleuo gettare à terra à suo dispetto.

Ani. Momo tu hai fatto peggio, che sarà al mondo come vn morbo.

Mo. Non dubitare e sarà ben gastigato.

Ani. Sarà bene che io vadi à godermi qualche tempo anchora le diuerse sorte de cibi & i variati e pretiosi vini.

o. O Epicuro tu sei quà, non so quel che tu sarai al mondo un'altra volta; tu non hai vna littera per buona gratia tua; tu non vuoi

MONDO MISTO

che si tolga Donna; tu di che i beni del mondo son buoni & cattiui, & pure una cosa buona non sarà mai cattiua.

Ani. Chi l'vserà male sarà cattiua.

Mo. Tu non vuoi che l'vsi cibi delicati, & ti sei dato alla crapula, & vuoi che tutto il bene consista nel satiarsi i suoi apetiti; è ben uero che tu dicesti molte cose buone, come fu, che l'huomo debbe hauer dinanzi a gli occhi vno che vegga i fatti tuoi, accioche tu t'habbi da uergognare, uolendo far cosa che stia male. ma quel dire che Dio non ha cura de fatti humani, fu vn pigliare vn granchio a secco, ma che t'importaua dirlo, se tu credeui che morto il corpo fossi morta l'anima. Tieni a mente adunque se tu vuoi tornare che l'anima tua è immortale.

Ani. Il tutto è s'io me ne ricorderò.

Mo. Che mi fa egli, se tu te ne ricorderai o nò, ua uia; io so che tu entrerai tosto nella munitione della gola, empiti bene, ue, ricordati che piacciono anchora a gli altri i buon bocconi. O che gente son tornate al mondo; chi è stato piu uolte bestia, chi Alchimista, Poeti, Golosi, Heretici, & altra gente da scarriera, ui mancauano i uitij: non è adunque da marauigliarsi se non s'attende ad altro, che a la gola, & si crede hereticamente, se l'Archimia, s'affatica, e se i Poeti cicalano, perche non ci viene altro; gli huomini dà qualche cosa non degnano, se non ci son mandati per forza a Lucca ti uidi. Ma che Serena e questa che entra nelle nubi.

Ani. O Momo vedi bel Pastore, senti come egli canta bene in lode di questa Serena O quanto sei felice bella Serena.

Mo. O anima salita in questa altezza, si bella, si gentile & si pulita, chi t'ha suelto del mondo, certo tu doueui essere il piu bel fiore che ui fosse, & che Phebo facesse nascere mai.

Ani. Donna fui io, & hebbi nome Serena, & il Pastor che in terra è rimasto, manda il grido delle mie bellezze insino alle stelle, & la fama della mia acerba morte spiegherà l'ali per tutto l'vniuerso.

Mo. Se ti piace ritornare in quei bassi gradi, tu puoi a ogni tuo volere; per hauer vita anchora.

Ani. Assai ho io della vita di colui che ha dato la vita a mille ne suoi scritti, quello non mi lascierà spegnere in tutti i secoli che verranno ÷ il grado, l'essere, la bellezza, e'l nome.

Mo. Antichi Pastori, & Agricoltori sinceri, che dell'Aratro vi leuaste a gouernar gl'Imperi, fate a mio senno tornate a mettere il mondo in buono & leale stato, che il misto ch'egli ha preso dal vitio, dalla rapina, dall'ira; dall'Auaritia, da i particolari, & generali odij, non lascia pullular piu la bontà, non può nascere in quel campo piu granelli di frumento che non sia suffocato da le altre herbe cattiue. Andate pastori a far quelle vostre case di giunchi rozzamente tessuti, nelle quali ui habitino quegli huomini che si vedeua lor nel petto sculpito il vero, in quelle vostre capanne vi staua d'humil panno vestita & di pelli la continenza, & a uno allegro fuoco di Ginepro si arrostiuano le castagne, & si satiauano con quelle l'apetito. Aggrauati poi i loro occhi (netti di malitia) dal sonno, & loro vinti dalla stanchezza del rompere il terreno, si posauano sopra le secche foglie, & la asciutta paglia nettissimo letto; O pastori tornate ui prego, a mungere le Capre, tosar le lani, formare aratri, & guidar gli armenti, con tanto amore, sincerità di mente et purità di cuore.

Ani. Deh Momo non ci forzare a far quello che è impossibile, che uoi tu che noi facciamo al mondo de nostri rozzi panni vestiti, non saremo noi scacciati subito; non si cerca piu semplicità, la purità non vi regna piu, ma la malitia & la tristitia. Le castagne che satiauano l'apetito, si son conuertite, nella turba infinita de banchetti, ne i quali son colme le tauole di cibi diuersi & variati, che ricercano corpi non manco grandi che tutta la casa doue s'è abruciato altro, che due fastelli di Ginepro, ma la Selua Hercina. Le nostre nozze pastorali

MISTO. 72

si mescolauano con fiori & odorifere herbette, & i lor conuiti di veleno, &
tosco; noi veniuamo con la vita fortissima fuori delle nostre mense, & loro

aflitti, pigri, carichi, ebbri, & spesso morti si partono dalle tauole, & da le
cene; vuoi tu Momo far ridurre i nostri corpi affaticati per ornare il mondo,
vn'altra volta a nuoui sudori, come faremo a tollerar l'ambitioni & le pesti=
fere vsanze di tante & tante Città? come sopporteranno l'Otio, & la tanta
Malinconia? che ne superbi palazzi dimora? La dolcezza delle nostre pure
Zampogne s'è conuertita in confusi strumenti, strepitosi, & crudi; I sempli=
ci nostri salti amorosi, son diuentati estrema fatica, lasciua e dishonesta.

O Gioue, il mescolato mondo non ha rimedio alcuno, per emen=
darsi; Che farai Gioue? La purità fugge da quello, la bon=
tà non lo vuol vdire, & la Virtù si vuol più tosto sepellire, che
entrarui; Scaccia, Gioue con i fulmini, sconfondi, dico o Gio
ue la ribalda Fortuna che s'è fatta regina della parte maggiore.
Se tu sei sommo Monarca tu lo puoi pur fare; pur ti contenta
la pace; ti piace la bontà, et la uirtù ti conforta, a che tanto sop=

porti adunque la guerra, la malitia, & l'ignoranza? tutto il cibo che douerebbe andare a poueri, và ne i cani, ne falconi, & ne ruffiani. Sono saliti i plebei nelle sedie de Virtuosi, et gli ignoranti occupati quasi tutti i luoghi degni d'honorati personaggi meriteuoli. O Gioue non odi tu i pianti de buoni, i lamenti de giusti, i sospiri de i semplici; l'afflittioni de i poueri, le strida de gli assassinati a torto: le angoscie de i furti fatti forzatamente a coloro che si sudano il pane: & le miserie de gli habitatori meschini. Senti le uoci di coloro che son tiraneggiati. odi la uiolenza che è fatta loro, da i pessimi scostumati, chi è posto in seruitù, chi è angariato, chi gli è tolto il proprio nido, chi spogliato de suo vestimenti, et chi priuato de i beni, e de i beni; e della vita. Vanno i uitij (sia detto con pace de buoni) alla diritta mano, et soprafanno la virtù. Oime Gioue: O Gioue la superstitione contamina la fede. l'Iniquità preme et calca, la Verità; l'usura si diuora la pouertà, et quando ti vuoi destare? O Gioue, o Gioue suegliati che la Giustitia cederà tosto alla Forza, e l'obrobrio et il vituperio, poco puo stare, poco poco Gioue a corrópere l'honestà. l'honore et la lealtà è per cadere in vn precipitio, che mai piu si potrà solleuare. I padri cominciano per la fame a uender l'honestà delle figliuole. Et le madri le danno in preda dell'adulterio, perche non s'apre il centro & deuora il confuso, & mescolato mondo. Vedi Gioue come sono diuentati ciechi i mariti, et come son fatti sordi, per nõ udire, e uedere i uituperi delle lor case. I ueleni che si danno alle moglie per hauerne dell'altre; trouansi nel confuso & misto mondo? per succedere herede, fassi egli homicidio alcuno; trouasi egli ne i parenti l'osseruatione de i gradi del sangue; Oime Gioue tutto si spezza, tutto è mescolato, confuso & voltato sottosopra.

L'ACADEMIA
PEREGRINA
E I MONDI SOPRA LE MEDAGLIE
DEL DONI.

DEDICATA ALLO ILLVSTRISS. ET ECCEL. S.
IL SIGNOR PIETRO
STROZZI.

IN VINEGIA NELL'ACADEMIA P.
M D L I I.

T

STVLTITIA EST APVD DEVM,

SAPIENTIA HVIVS MVNDI.

AI LETTORI
L'ALLEGRO ACADEMICO PEREGRINO.

OLTE volte mi fon rifo ; ridomene anchora quando lo veggio, & fon per ridermene mentre che io viuerò della ſtrauagantia di tutte le noſtre opere, di tutte le confufioni, che fa il Mondo, & della varietà che partorifce ſtrauagantemente la Natura : Verrò a dire dell'Huomo. Non è egli da riderſene, quando fi vede vn gran fuſto ſperticato, ignorantaccio, diluuiare quello che douerebbe mangiare quattro Virtuofi? Chi non riderebbe vedere vn piccolo pigmeo cattiuo, ricco, ricco; che fia falito in quella altezza che ſtarebbe bene vn gran pouero huomo liberale? Rideteui anchor uoi Lettori, quando vedete vn Villano dalla Fortuna meſſo in cima de gli alberi, & vn Cittadino poſto ſotto le radici; perche egli è da riderſene. Eſſendo tutte le grandezze fummo, non meno che terra lo ſtato humano meſſo infieme. Imaginateui di viuer cento anni, & d'eſſere il Mondo grande, & che gli huomini fien fiori, non vi riderefti voi; ſe quei fiori voleſſero ſtare in vita quanto voi? Sì certamente ſapendo che in termine d'vn giorno ſi appaſſifcano & ſeccanfi. Noi altri fiamo a peggior conditione comparando noi al mondo, perche ci ſtiamo manco aſſai in queſto mondo a tanto per tanto che non ci ſtanno i fiori. Però mi rido di quelle gran cofe che fanno gli huomini; credendo goderle aſſai. S'un fiore uoleſſe poi di nome et di fama concorrere con gli anni dell'huomo; l'Huomo che sà per eſperienza la natura fua, non fi riderebbe della pazzia di quel fiore? Il Mondo fi ride anchora egli delle noſtre leggende, delle noſtre Medaglie, delle noſtre ſtatue, & delle noſtre macchine. Paſſato che haueſſi l'Huomo feſſanta, o ſettanta anni, che memoria haurebbe egli de primi fiori paſſati? Nulla direbbe Democrito. quando le ſtatue fon rifolute in poluere, & le Pirramidi ſtritolate, & in ruggine conuertite le medaglie, a che fiamo? a quel medefimo, rifponderebbe Eraclito : proprio proprio come non foſſero nati mai fiori ; ne coniatofi metalli, & forſe che non fi vede anchora de libri ; forſe che non fi legge de faciebat ; & che non fi legge de pattaffi ſopra i Sepolcri ; a che fare, ah, ah, ah; O che rifa fa il Mondo di quei depofiti; O come ride egli bene di quelle caſſe coperte di Broccati, di Velluti, di Cotoni, et di dipinture. AEterna memoria que quas quibus fecit bus, bas, horum, harum, et nella coda del capo alla fine fi troua. Quia puluis es, & in puluere reuerteris. O che materie fa il Mondo Rifibile; o aſſai maggior di queſte, & ſe uoi non me lo credete, leggete ſeguente che ci trouerrete qualche cofa da riderſene.

MONDO
È CORTESIA; E'L SOLE

CADÈ DAL CIELO.

MISTO,

ET DOLCE INCOMINCIO

FARSI LA MORTE.

MONDO RISIBILE
DELL'ACADEMIA PEREGRINA
DEDICATO ALLA ILLVSTRE S.
LA SIGNORA CATERINA
PEREGRINA.

DVE Academici con alcuni discorsi, ragionando dimostrano quante sieno da stimar poco le cose humane di questo risibil Mondo; et quanto ci douiamo ridere della maggior parte de fatti de gli Huomini, & de vani loro pensieri.

CORTESE, ET DOLCE.

'HAVERE a parlare di tutte le cose risibili che noi facciamo, sarebbe vn caos maggiore di quel primo da diuidere piu difficile, & da rider= sene; bisognerebbe piu tempo che la nostra breuis= sima vita. Lascierò da canto la fatica che noi mettiamo ne di=

uerſi veſtimenti, baſtandocene vn ſolo modo, i variati colori ſoꞏ
disfacendoſi l'occhio d'uno; le infinite arti che ſon ſuperflue, le
molte & molte ſtanze in vn palazzo per habitarne vna ſola, le
piu caualcature non adoprandone piu che vna a caualcare, &
due per tirare vn carro. Dámi quel Giannetto; dice il ſignoꞏ
re; nò laſcialo ſtare, togli il caual groſſo, non mi piace; va
mena la Mula; piglia quel Leardo, laſcia ſtare il Caſtagno, &
la Faua. Dammi la veſta lunga, le calze di ſcarlato; anzi nò,
la cappa e'l tòcco. Il Tabarro miſchio ſia meglio, & le calze
bianche; il colletto, la ſpada & un traſier ne fianchi: il cappello,
il cornacchino, la berretta, & la cuffia in mal'hora : ſolamente
a chiedere ne va una gran parte del noſtro tempo gettato via.
Tagliami le ſcarpe coſi, due di quà, ſette di là; tre in punta, vn
di dietro; che habbi le foglie; ricama, imbottiſci, taglia, minuzza
trita, fraſtaglia, paſſa, ſtrafora, bottoni, ſtringhe, gangheri, maꞏ
gliette, cappi, peri, ſtiacciati, larghi, lunghi. Se vna foggia, o
vna coſa baſta; a che fine tante nouelle.

Dol. Due coſe ne ſon cagione di tante varietà il noſtro inſatiabile apetito, il quale
non ſi ſodisfà d'vna coſa piu che vn certo tempo, ſe poi la ſopporta, la uieꞏ
ne a tollerare contro alla voglia ſua. La moglie viene dopo vn certo che a
non hauer quel luogo che ſi deſiderò tanto, la ſtanza d'vna caſa, la ſtrada,
la Città, il paeſe, & gli huomini anchora ſi nimicano l'vno l'altro quando
troppo praticano inſieme, & ſi vengano a faſtidio. I cibi ſtuccano vſando
ſpeſſo vn medeſimo; gli ſtudi, le femine inſino al buon tempo ſatia alcuni.
Volete voi vedere vna coſa riſibile, qual piu ſi deſidera fra noi che il Piaꞏ
cere, ciò è balli, comedie; Donne, banchetti, maſchere & giochi. Mettete
vn'Huomo a queſta vita & fatelo continuare quindici giorni; ſe non ſi fugge
da tutti queſti ſpaſſi in termine di otto; vo perdere io tutti gli ſpaſſi carnali,
con patti di non gli trouar mai piu, a i tre paſti tu ſei pieno, alle tre nottolate
di femine, tu dai giu, alle tre Comedie, il Diſagio ti aſſalirà; alle tre feſte
alla fila, tu non ne vuoi piu, tre giorni di maſcherata l'vno dietro all'altro?
Tu ſei bello è morto, vedete del tempo, ciaſcuno cerca d'andare inanzi; O
quando ſarà egli mai la Primauera! quando fia caldo mai piu. egli ne uerrà

pur l'Inuerno che il Cielo non arderà così? quando uscirò io mai di fanciullo; quando verrò io mai in gran tempo che io sia posto in offitio anchora io; quando morirà mai mio padre, che io possi esser libero, e mi par mille anni, che il mio figliuolo sia da tor moglie; domani farò la tal cosa; di qui a vn'anno potrò far così, di qui al tal tempo sarò accomodato; Di quà a vn mese uscirò di trauaglio; in conclusione starò meglio per l'auuenire, per così & così, che io n'ho fatto per il passato. In questo squadrare, misurar con il compasso, & mettere a sesto il nostro viuere, la cosa se ne và d'hoggi in domani, tanto che si troua vna certa femina (a modo del vulgo) che ha vna persona fatta d'ossa, con vna Falce su la spalla, & ci da di mano, & ci mena via, & non bisogna dire aspetta, lasciami finire di fabricare la casa, di maritar le mie Figliuole, di far testamento, di chiamare chi mi raccomandi l'anima; lasciami al manco tor licenza da miei parenti, o dire a Dio: made in buona fede nò che la non ti aspetterebbe vn batter d'occhio; come la t'ha portato via: la roba si sparpaglia, che la pare vna nebbia. E tale entra nelle tue possessioni, & si fa padrone delle tue case, & ha la tua roba, che tu non vorresti hauer mai veduto nulla, ne hauuto. Et quello che tu sudando, & affaticandoti, haueui messo insieme in sessanta anni; in sessanta hore se ne va in vn fummo. Quà debbe far le risa grasse il Mondo, & chi è spogliato di passione se ne ride anch'egli, quando vede questi miracoli.

COR. Veramente tu parli in tutte queste cose la verità, & l'altra che tu vuoi dire credo che la non sia manco pazza della curiosità, anzi piu farnetica, questo m'imagino io che sia, l'opinione; la quale non è nostra ma d'altri, & secondo l'opinione de gli altri bisogna fare. Il tale fabrica così; lui ha trouato il modo, et a suo modo bisogna murare. L'opinione di tutti è che le finestre si faccino su la strada; falle: s'usa i pergami, mettiuelo, la porta con vna grande entrata acconciala; i letti così, fagli colà; i sai alle tal foggie, le calze, le pianelle, la berretta, & gammurra, sia fatto come piace all'opinione generale, se bene io non la vorrei così, per non esser biasimato da gli altri; per non parere piu sauio; così sia. Ma che ha da fare vn'altro del mio fabricare, che gli importano i miei habiti, che noia ti da egli, vno che vadi calzato, l'altro scalzo; quello habbi i panni cinti,

vn'altro

vn'altro ſcinti ; chi corti, chi lunghi, chi indorati & chi imbrattati ; Che è che è ; vno ti lieua vna penna che t'è rimaſta nella barba, perche tu dormi a caſo; dormi per voluntà & biſogno, & non per vſanza & per paſſa tempo, & quando te la lieua dice perdonatemi ; ecco che dimandando perdono è ſegnale che l'offende. quell'altro ti lieua i peli da doſſo, con vn certo modo di carezze (maſſime quando vuol da te qualche coſa) vedi ſe gli hanno poco che fare. O s'io haueſſi ſimil coſe a torno haurei caro che vn'altro me le leuaſſi ; habbiti cura da te, tu che lo deſideri. O che vergogna che vn par del tale non vadi veſtito coſi, & colà : è brutta coſa a vedere il tale con il tal habito. Hor vedi che impacci ; vedi che noli ſi piglia vn'Huomo, ſe vno portaſſe vna ueſte di lana ſu le carni, & vna di tela ſopra tutti i veſtimenti, non direſti tu egli è pazzo ; madeſi. Se vn'altro portaſſe le calze in capo, & andaſſi a gambe nude, il mondo non ſe ne riderebbe ? ſì certo, mettiamo che veniſſe voglia a vn'altro di veſtirſi di ruuido panno, ſu la carne, & mettere al ſuo caualo vna couertina fodrata di tela che gli ſteſſe ſu'l pelo, il cauallo ſi cingeſſi la coperta con il cuoio, & l'huomo con vna fune ; che direſte egli è matto ſpacciato. Che ti fa egli che vno ſi veſta di bigio per diuotione & per voto : & l'altro per ingannare il mondo ? i fatti biſogna guardare, & non i panni ; ci ſono aſſai che per fare vna coperta alle lor malitie ſi mettono habiti humili ; ſi danno a far la moſtra di honorare Iddio, & pur l'opere loro ſono il contrario. Vuole il Signore che le noſtre buone opere riluchino, & faccin lume, & non il far ſegno di farle buone ; dir di farle & non le fare. Tanto che io rido dell'opinione di colui che ſi tien buono, & che tutti gli altri ha per cattiui ; Ridomi di quell'altro che ſi tiene ſauio

& per pazzo ha ciascuno altro.

Dol. L'opinione de gli altri è quella certo, ma l'ha infiniti rami da ridersene. Come tu pigli i costumi d'un'altro, colui ti loda; come tu tieni la parte sua tu sei tutto il suo bene: come tu fai come lui, egli ti abraccia; fagli buon ciò che dice; eccolo che ti si da in corpo & in anima. Passa un giorno, & contradicigli, non fare come fa lui, lascia di portar la penna da la sua banda; vedrai quel che dirà: Tutto il contrario. Vedete che fauola è il mondo. Fa d'esser schiauo a un'huomo, & che delle tue virtù ei possa seruirsene, & che sia tuo amico (o ombra d'amico che l'amicitia vera non ha termine) poi fa che ci vadi l'interesso di qualche ducato, & che tu sia pouero mendico, & egli ricco; vedrai se cerchera di ficcarti in un cesso; che fa a lui, che tu muoia in una prigione, o che tu crepi per venticinque scudi? Vadin pur le virtù alla malhora, amicitia in là di sì fatto danno. Quando una Ruffa portassi via uno scudo; un Ruffo un'altro, una Femina un'altro, un cinquantacinque, dieci altri; un resto d'una Primiera, due uolte tanti; madesì non è niente. E che non è piacere hauere un Pittore a ogni tua richiesta, se bene e non ti puo render trenta ducati? Hauere uno Scultore per farne ogni tuo piacere, & che tenga del tuo cinquanta scudi? Uno Scrittore, un Musico, & simili, non ti ha dato la Fortuna un bel laccio a tenere con sì vil prezzo un'huomo, o un giouane da bene apiccato per la gola? Dirò bene, che se l'andassi fra equali, che la cosa starebbe male, ma hauerne la cassa piena, le rendite buone, & stratiarne infiniti, & un meschino non habbi da renderti così tosto i tuoi soldi prestati, cercar di tormentarlo, affliggerlo, & distruggerlo, non la lodo.

Cor. Egli c'è peggio, che taluolta sono sdegnati, i virtuosi; et coloro non hanno ne l'amicitia, ne dinari & dell'ingiuria riceuuta si risentano.

Dol. Brutta cosa è veramente quell'altra, se uno ha da rendere due soldi, non voglio dire dieci ducati a un'altro, & colui non habbi & non possi rendergli; gli dà sempre del tristo, del ghiotto, del ladroncello, & del giuntatore per il capo.

Cor. A coloro che hanno il modo a rendere, & che tolgano per non rendere, & trappolano con questi mezzi, a questi sta bene che sia detto loro barri, assassini, et scellerati; non che tristi, giuntatori, & ghiottoni.

Dol. Eccoci dopo questi anaspamenti di dare, d'hauere, di torre, di rendere, di edificare, di distruggere, & dopo che noi habbiamo girato questo Mulino vn pezzo, che la Ruota si ferma, del nostro ceruello, l'acqua del furor ci manca, & non c'è piu roba da macinare, & cosi restiamo in secco senza far cosa alcuna di buono, & tutte le partite si fanno equali. Non giriamo noi il mulino dell'hore; del continuo passa l'vna, vien l'altra; quando sei da piedi ti fai da capo. Non è vn mulino da girar questo; di lieua, poni, vesti & spoglia; giorno, & notte: non è vn mulino da girare, il votare del continuo & empire il corpo? le lettere dell'Alphabeto sono vn mulino che gira per

tutti i libri, che noi giriamo con essi la vita nostra; gira il Sole, le stelle, & la Luna, gli Elementi, le stagioni continuamente, il lor mulino, la terra producendo, & seccando volge anchor lei le sue mulina. La generatione & corruttione, è vn mulino grandissimo da girare; nel farci portare, & riportare nel caminare andando & ritornando a torno; è egli altro che uno aggiramento? quale è quella cosa che in questo Mondo non sia fatta, rifatta, volta, riuolta, aggirata, & rigirata piu volte da noi accettata, & ricusata, & pur ritorniamo del continuo intorno, a mulinar quella medesima. Che piu bel mulino del nostro volere & non volere, del contentarci & non contentarci, del Piacere & Dispiacere, ogni cosa. Non è egli vn bel mulino il Pianto, & il Riso?

V ii

Che vi pare della ruota del Mulino, della dignità; và su uno, scende l'altro: della ricchezza, quel vien di pouero ricco, quell'altro di ricco pouero. alla fine hoggi ne nasce vno, & ne muore vn'altro. Cosi la vita & la morte hanno vn mulino anchor loro da girare.

Cor. Le parole sono anchor loro vn mulino, che macinano l'eloquenza gli huomini con la macina della lingua, hora sputando buona farina, & hora cattiuo loglio;

Questo lodando dirà	Quell'altro biasimando.
Elegantissimo	Goffo
Amplissimo	Ristretto sciocco
Compendiosissimo	Prolisso, fastidioso.
Candidissimo	Oscurissimo.
Eccellentissimo.	Bufolo.
Valentissimo	Ignorante dappoco.
Preclarissimo	Vil bestia.
Felicissimo	Arrogante.
Audacissimo	Temerario.
Risolutissimo	Inuiluppato.
Ornatissimo	Voto furfante
Diligentissimo	Negligentissimo
Copiosissimo	Arido, sterile
Studiosissimo.	Poltrone infingardo.
Gratiosissimo	Sgratiato.
Gentilissimo	Porco
Consumantissimo	Principiante.
Ponderatissimo.	Ceruel leggieri.
Abondantissimo.	Pouerissimo.
Acutissimo	Goffo d'intelletto.

Politiſsimo   Sporco rozzo
Vigilantiſsimo   Adormentato
Prontiſsimo   Pigro & freddo
Conſtantiſsimo   Impatiente

Come ſono hora io che m'è venuto a noia a girar queſto mulino del fauellare però ti prego che faccian fine di girar a queſta Ruota per hora; anchora che ſe io haueſsi a farne vna del biaſimo cre= do che la ſarebbe due volte tanto di quel che io ho detto, & la vorrei mettere per Alphabeto, onde poco più ſi potrebbe girare per dir male verbigratia. Arrogante, Arido, Aſtuto, Audace, Aſſaſsino, Adulatore, Arrabbiato, Adultero. Balordo, Beſtia, Brutto, Beſtiale, Bugiardo, Bilinguo. Cauezza, Cerretano, Ciuetta, Cicalone, Ceruellaccio, Ciurmadore. Diſerto, Diauoloſo, Diſgratiato, Doppio. Eretico. Forca, Frapatore, Furfante, Furbo, Falſario, Falſo, Fraſca. Goloſo, Ghiottone, Giuntatore, Girellaio. Infingardo, Ignorãte, Inuidioſo, Imbriaco, Iniquo, Ingrato, Inſolente. Lunatico, Ladro, Luſſorioſo, Leccone, Lordo. Maligno, Mendico, Manigoldo, Millantatore, Meſchino, Maribuolo, Meccanico. Obrobrioſo, Oſtinato. Poltrone, Peruerſo, Peſtifero, Perfido, Pidocchioſo, Pazzo, Parabolano, Pedante. Ribaldo, Rufiano, Riportatore, Sfacciato, ſciagurato, ſonaglio, ſtallone, ſciocco, ſcimonito, ſbaiaffo, ſoppiatone. Temerario, Traditore, Triſto, Tauernieri. Villano, Vitioſo, Velenoſo, Volubile. Senza altri nomi di Beſtie ſenza ragione, o freno, che non ſi contano, come ſa= rebbe a dire. Aſino, Bue, Beſtia, Bufolo, Caſtrone, Cauallo, Gatto ſaluatico, Lumacone, Moſcone, Pecora, Tafano, & altri ſimili che ſono infiniti; accompagnati, ſoli, ſcempi, & doppi. d'altre parole, articoli, nomi, & cognomi.

MONDO

Dol. Non girar piu questa ruota che io son già stracco.
Cor. A Dio.

DOLCE, ET CORTESE.
RAGIONAMENTO
SECONDO.

REALMENTE che quando io veggo fingere il sonno in figura humana; la Letitia, il Pianto, l'Honore, il fiume Thebro, Arno; la Primauera, et sento fauellare gli huomini in figura d'ombre, che io mi rido de i nostri concetti; di quà hanno imparato costoro l'uno da l'altro a chimerizzare, & a dipinger la Pace, che abruci il Furore; intorno alle Medaglie, & a sculpire la Vittoria, che tenga incatenato il Litigio. Io ho trouato pur una volta un Gentilhuomo di buone lettere, & di virtù ornato, di cortesia, & di valore, che sa goder la pace, dell'animo, & la vittoria delle mondane fatiche; perche ha atterrato i Litigi, il furore de i peruersi fummi, & si stà nella tranquillità dell'animo suo mirabilmente, honorando Iddio et giouando al prossimo. Alla Medaglia di questo animo Generoso, starebbero bene tali Poesie.

Cor. Molte volte le fanno bellissimo vedere, & che; quanto durano queste nostre eternità? un fuoco di paglia, un sospiro, un'ombra.

Dol. Non dite cosi, che la stampa correrà i secoli per suoi, si come il mondo.

Cor. La stampa farà moltiplicare (per la facilità dell'imprimere) tanto i libri, che di qua a cinquecento anni e fieno tanti & tanti che l'Età di tre huomini non farà bastante a legger mezzi i titoli de volumi. Onde si farà vna scelta de i migliori, del resto non se ne leggerà vn verso.

Dol. Vno di quegli che haurà vita sia colui che cantò; d'Arme, d'Amor; le Donne e i Caualieri.

Cor. E vero, anchor le Medaglie corrono l'Eternità, perche mi par esser uenuto vn tempo che le belle Antiche, sono imitate Modernamente, molto bene.

Dol. Fu bella inuentione a far quelle Medagline per moneta; che mai si sia trouato hoggi alcuna Zecca che imiti quel mirabil modo.

Cor. Ecci chi scriua di queste medaglie antiche cosa alcuna?

Dol. Di questo & di quello che si puo dir sopra a le Medaglie, tosto se ne vedrà vn mirabil libro, che vn Giouane che si diletta delle virtù darà in luce. Ma l'antichissime medaglie (per dire alcuna cosa) furono di ferro & di bronzo, & io n'ho vedute di piu nationi alcune Arabe, alcune Grece, Latine, Todesche, Gottiche, et Caldee. Gran cosa che l'huomo cerchi cosi l'Eternità. Platone dice che questo imaginarsi imortalità, viene da vna cosa immortale; perche la mortale non può trouare vna inuentione immortale, si come vn imperfetto, il perfetto. Il Sauonarola tenne che lo spauento che fa il corpo morto all'huomo viuo, venisse dall'anima stupefatta del mortale, conoscendosi immortale lei, & marauigliandosi di quella mortalità del corpo. Vn legista disse per contraporsi, come colui che haueua studiato le pandette: che la cosa era per il contrario, che conoscendosi l'anima mortale si spauentaua della morte, & vn Philosopho magro di questi nostri tempi Moderni, disse che Platone non se n'intese; conciosia che l'Anima per conoscersi mortale con tutti i modi cercaua di perpetuarsi eternamente, e che i Romani spinti da questa Anima, e nõ dal corporale instinto, faceuan sì grã cose; perche non si cura d'altro il corpo che di pascersi & quietarsi,

& di quà viene (afferma il medesimo huomo risibile) che l'esito che fa lo spirito lasciando il corpo, che il corpo riceue tanta consolatione. cosi auiene di tutti gli esiti di fiato, di vento, o di sottili vapori, fumi, o spiriti che si voglia dire, che il corpo man da fuori. Il generare perche ha exito di spirito, dà consolatione al corpo, il trarre vn gran sospiro dà quiete al corpo; il venirsi manco per qual cagione si voglia, il corpo riceue contento; per che và al suo centro, si ferma, & quando si parte l'vltimo spirito, allhora riceue piu dolcezza (dice il Philosopho stitico) perche il corpo per sempre se ne và alla terra sua prima origine, suo punto, & suo fermo stato. Ha poi dell'altre opinioni costui da ridersene: perche fa distintione da spirito a l'Anima, et vuole che l'Anima (quando crede l'immortalità; benche poche volte e di questa fantasia) sia tutto lo spirito che ci fa leggere, scriuere, dipingere, sculpire, fabricare, far medaglie, comporre opere & simili, & a confirmatione di questo suo stolto credere. Allega la Scrittura. L'Anima mia e sempre nelle mie mani; L'Anima che pecchera morrà; & che se la fossi immortale come lo spirito, la non patirebbe in conto alcuno. Et quando l'Huomo gli fa toccar con mano che egli è vn pazzo, & che egli ha dell'opinione da ridersi del fatto suo, e dice che tutto il restante de Philosofi, per altro non si sono auiluppati, che per non saper distinguere fra spirito & anima; questo e che diceuano hora esser mortale, & hora immortale, & quell'altro Messer Aristotile, quando hebbe copiati tutti i libri, & pesti, & cauatone il sugo gli fece abruciare, & non volse dare la sua parola risolutamente se l'era o non era: ma se gli hauesse veduto la distintione; vdita o letta di colui che fu, e', & sarà la perfetta Sapienza, che disse dolente e' l'Anima mia, insino alla morte (ecco l'vna) e'

in mano

in mano tua raccomando lo spirito mio . (ecco l'altro) egli non haurebbe errato .

Cor. Deh vedete in che discorso voi sete entrato .
Dol. Il ragionare fa scorrere, tanto piu che l'huomo era sopra il mortale dell'huomo che cercaua l'immortalità , per uia di medaglie , di archi , di colossi, di templi, di bagni, & d'aquidotti .
Cor. Gli antichi hanno anchora hauuti de i Re che cercauano dell'immortalità per altra via , come fu Arsacide Re de Batri, che tesseua reti per pigliar de pesci. L'Imperador Domitiano cercaua di farsi immortale con il pigliare assai mosche , & Artaban Re de gli Hircani s'era messo con l'Arco dell'osso a pigliar con le trappole infiniti Topi . Chi non riderebbe , ah , ah , Biante Re de' Lidi vccellaua a ranocchi , & quell'altro Re da riderfene ; Artaserse filaua. Pure erano grandissimi huomini ; questi credo ben'io che non pensassero a immortalità altrimenti .
Dol. Se si ridessi de piccioli solamente, sarebbe troppo mal fatto, biso=

gna ridere anchora de grandi. Cotesti Re douettero nascere in quella casa d'Athene.
Cor. Che casa?
Dol. Scriue Laertio che in Athene era vna casa che tutti quelli che vi nasceuano dentro erano tutti pazzi, et vn'altra doue gli erano, sciocchi & ignoranti.
Cor. Et non fu alcuno che se n'accorgesse?
Dol. Passato vn tempo.
Cor. Et che ne fecero?
Dol. Quei del Senato la buttarono a terra. Herodiano scriue anchora che in campo Martio ve n'era vna che vsaua certe amoreuolezze, perche la faceua morire tutti i suoi patroni di morte subitana, & l'Imperatore Aureliano la fece gettar giu tutta, & abruciare i legnami.
Cor. Non so s'io mi debba credere tante cose.
Dol. Tutte sono Historie, anchora le Historie (per non pagar quei cinque soldi) scriuano che il primo polzone, & il primo torsello che fosse fatto per batter Oro fu nel tempo di Scipione Africano, & le medaglie d'Oro cominciarono all'hora. & da vn cãto si faceuano ritrarre, & dall'altro l'imprese de' Romani che haueuano vinti, o conquistati, o vffici hauuti, o leggi fatte.
Cor. Quei Romani di quei tempi (dico quei grandi) erano tutti senza menda.
Dol. Sempre gli huomini hanno qualche diffettuzzo, sien grandi quanto si sanno, & sempre u'e' chi gli nota. Gli Vticensi infamauano Catone perche mangiaua da tutte due le mascelle : insino a coloro che uoleuan male a Pompeo mormorauano, perche si grattaua con vn dito. I Cartaginesi apuntauano Annibale, perche gli andaua sdilacciato spesso, come colui che non voleua star sul tirato con le stringhe, & Silla daua la tara a Giulio Cesare. I Romani biasimauano Scipione, perche russaua,

RISIBILE. 82

& i Lacedemoni diceuano che Ligurgo portaua troppo bassa la testa. Gli Atheniesi notauano Limonide, perche parlaua forte, & i Thebani accusauano Paniculo, perche sputaua troppo

Cor. O che gente da ridersene del fatto loro vedi in quello che tassauano questi huomini grandi.

Dol. Guarda che gli hauessero lodato le buone opere, o i gran fatti loro; & piu u'era che dire cose segnalate d'animo, di generosità, di forza, & di virtù. Cimonide vinse la battaglia a Maratona. Ligurgo riformò il suo regno; Scipione, a Cartagine pose il giogo. Panniculo riscattò Thebe. Pompeo accrebbe l'Imperio. Cesare haueua sì gran cuore che l'esser padron del Mondo gli pareua nulla, & Annibale fu d'animo immortale; però sempre ci dobbiamo rider quando l'inuidia ci biasima hauendo sempre la ragione che ci loda.

Cor. Io leggo pure vna infinità di cose da ridersene, come sarebbe il dormire vno cinquecento anni, & di quel Lione, che riconobbe quello schiauo alla festa di Tito.

Dol. Che Lione?

Cor. L'Imperator Tito nella sua festa fece condurre nel Coliseo d'ogni sorte animale come furono Tori, Grifi, Porci saluatici, Lupi, Leoni, Orsi, Rinoceroti, Cerui, & insino a gli Elefanti & i Camelli, & altri animali, i quali per la maggior parte si trouano ne i diserti d'Egitto. Gli huomini che erano condannati alla morte si serbauano vn tempo per questa caccia, & si metteuano fra questi animali, & chi amazzaua era libero, chi era morto pagaua la sua pena. In questa caccia vi fu vn Leone che ferì & amazzò molti huomini: alquale fu ultimanente datogli vno schiauo che lo stracciasse in pezzi, come colui che l'haueua meritato secondo le lor leggi; ne si tosto fu la dentro che il feroce & bestial Leone mutato l'ira in dolcezza, & la furia in mansuetudine, in cambio d'offender lo schiauo, gli andò incontro, & come amoreuol Cagnuolo se gli humiliò.

Dol. Questa cosa risibile sta per eccellenza in questo mondo, perche chi la credesse non riderebbe come fo io, ah, ah.

X ii

Cor. Se Appio Greco nelle sue opere mente, & Aulogelio: certo l'è da ridersene, io non ci fui, io dico doue l'ho letta.

Dol. Hor seguite.

Cor. Egli che vide il Leone sì mansueto accostandosegli l'accarezzò, onde l'vno, all'altro si faceuano gran festa, La nuoua cosa pa'tori marauiglia al popolo, & all'Imperatore stupore, & fattosi venir lo schiauo inanzi, volle da lui sapere chi era, & come aueniua questo. che vna fiera che tanti haueua offeso non offendesse lui. Lo schiauo con ardito animo cominciò queste parole. Io inuittissimo Cesare sono schiauone, & nacqui in Matrucca, in quel luogo son nato il qual si ribellò a Romani, & il mio nome è Androconio legnaggio de gli Androchini, & non fui manco stimato & di buon grado nella patria che qual si fosse cittadin Romano. Ma che si può contra alla Fortuna? Fui menato prigione in Roma & venduto a vn legnaiuolo in campo Martio, il quale conobbe che io ero piu huomo per adoperar l'arme, & meglio che squadrar le asse. & mi riuendè a Daco Consolo, che fu padre del Consolo Ruffo, il quale viue anchora. Vespasiano tuo padre mandò tanti e tanti anni sono Daco in Numidia prouintia d'Affrica a ministrar giustitia, in luogo di Proconsule & gouernar Caualleria per bisogno della guerra. Il suo primo intento fu (inuittissimo Cesare) farsi ricco, & accumular thesoro; onde non tenne mai altra seruitù che la mia ne la sua casa, benche fosse sì gran Principe. Adunque il macinare il grano; fare il pane, cuocere, pulire, & gouernare lui & tutta la casa, toccaua solo solo a me: Et era sì smisurata l'auaritia sua che egli non mi daua nulla per vestire; pure vna sola camicia non hebbi mai. ne vna scarpetta. Tesseuo io tuttanotte sportelle, & quelle vendeuo la mattina per il mio viuere, & quando non lauoraua, egli non mi daua cosa alcuna; & piu se per lui non lo guadagnauo anchora, mi faceua batter la mattina. Onde auinto dalla seruitù di vndici anni gli chiesi piu volte la morte; la quale mi fu negata sempre; & mai da lui hebbi in questo lungo seruire vna buona parola, o vno sguardo dolce. Onde venuto in età che la fatica mi haueua oppresso, la vista abagliata, indebilito mezzo, & tutto disperato me ne fuggi nel diserto d'Egitto in quei monti Caucasi terribili per non esser trouato, & in vna grotta aspettauo la morte: quando ei venne questo Leone, & in quello ch'entrò con vn piedi putrefatto, il quale credendo forse che io fosse vna fiera o vinto dal dolore, non mi offese. Io lo curai per che gli trassi vna stecca grande di quello, & la putrefattione vscendo fuori gli fece cessare il dolore; da questo credo certo che mi ponesse amore. Io lo guari, & egli mi temeua & amaua; ma stando vn tempo ne hauendo piu da mangiare, perche fornita era la prouisione della farina, che io mi portai, le fiere non mi deuorauano,

perche la sorte me l'haueua negato, mi deliberai ritornare al domestico, ne sì
tosto fui ne confini che le genti che mi cercauano mi presero, & fui condotto
inanzi al mio padrone. Io ti giuro Cesare che mi doleua insino al cuore non
essere stato pasto di fiere, sì mi tormentaua la presenza del mio padrone. il quale si consigliaua che morte doueua darmi, o scorticarmi uiuo, o sospendermi,
anegare, farmi fare in pezzi. Così fui sententiato dopo le grande ingiurie
dettemi a esser preda di queste fiere, per honore della tua festa, ma che la
Fortuna mi priuo dello stato; la Sorte mi liberò dalla morte ne i diserti, &
gli Iddij nella tua presenza mi danno la vita, che disporrà Cesare del mio
corpo? & qui s'inginocchiò con molte lacrime, & si humiliò a terra. Leuossi
tutto il popolo a pregare Cesare che lo facessi libero; & così fù fatto. & gli
fu dato il Leone, & con il menar quello domesticamente a torno viueua de i
doni che gli erano fatti.

Dol. Tutte cose da ridersene, gli Historigraphi dicono anchor loro del
le bugie, & ne framettano alcuna per i loro scritti, per piacere
al lettore, del qual peccato riprende Diodoro Siculo, Herodoto. Et si legge diuersi diuersamente hauer parlato sopra vn
principio; guardate nell'Edification di Roma, e pagateui, di
questo scriuere vna cosa per vn'altra e si danno la tassa l'uno a
l'altro. Strabone riprende Possidonio, Metrodoro. & altri
riuolgano le cose vere alle fauole, come fece Hecateo, Cresia,
& Gnidio. Ma io non uiddi mai il piu bel libro di quello di
Pausania vltimo, che si serba nelle cose mirabili della libraria
di Fiorenza.

Cor. Quella che ha dal Greco in Latino si ben tradotta il dottissimo Romulo?

Dol. Nò, un libretto che è fatto da un'altro Pausania.

Cor. Che cosa scriue? baie, come scrisse Strabone, che voleua che'l Danubio nascesse
poco lungi dal mare Adriatico, & Herodoto dice che vien dall'Hespero, &
appresso i Celti dell'Europa son gli vltimi popoli, & entra in Scithia.

Dol. Strabone dice anchora che Lapo, & Visurgo che son fiumi van
no all'Hamaso; vno si mescola poi contro all'opinion sua nel
Rheno, & l'altro s'infonde nell'Oceano. Plinio ancho
egli mette che'l fiume della Mosa vadia nell'Oceano, & pure

è vero che egli entra nel Rheno.

Cor. Mancano le bugie scritte. Il Sabellico non vuole egli, che gli Alani siano uenuti da gli Alemani, & gli Vngheri da gli Humi, e i Gotti; da Geti, mescolando i Dani, con i Daci, oltre che egli mette il monte di Santa Ottilia in Bauiera, essendo appresso ad Argentorato. Mille di questi errori, & maggiori, i quali lascio di dire, perche de i nostri scritti non si rida come de i loro. & se s'ha da ridere, che delle nostre cose si rida solamente, & non di tutte due. Fammi rider di questa nuoua Pausania.

Dol. Dice, che i Romani faceuano scriuere tutte le cose a modo loro.

Cor. Questa per la prima è da riderfene.

Dol. Et tutte le cose che veniuano loro mal fatte, le faceuano scriuere che le si leggessero per ben fatte.

Cor. In che modo.

Dol. Mutio Sceuola, verbigratia è tenuto un gran pater patrie, per che s'abruciò una mano. & pur Pausania mette in altro modo: & dice che i Romani lo mandarono ad amazzare il Re Porsenna, & che il Re quando seppe che non gli era bastato l'animo non uolle metter mano piu in loro stimandogli uili, & che non lo volse amazzare, ma lo fece pilottarsi da se il pugno. & si partì con il suo exercito.

Cor. Che baie da riderfene non ne dir più.

Dol. Deh odi quest'altra che è cosa nuoua non piu detta. Ma che nube è questa che c'è sopra, odi che ragionamento vi si fa dentro. Sarà qualche miracolo.

Cor. Io sento vn bellissimo parlare fermianci, & ascoltiamo, ma l'è gran cosa veramente sentir vscir d'vna nube la voce, & non la vedere. Odi che fauellano di questo mondo, & se ne ridono.

RISIBILE.
MOMO, ET GIOVE,
DOLCE, ET CORTESE.

 NON t'ho io detto sempre mai Gioue che non c'è ordine a rassettarlo, & che sono vna gabbiata di pazzi, & che bisogna riderli di ciò che fanno, & di ciò che eglino scriuano. Leggi quest'altro pezzo d'Historia.

Gio. Leggi pur tu che io sono stracco di tanti pataffi che io ho letti.

Mo. L'Historie ci sono state sempre come uno specchio inanzi a gli occhi, nelle quali noi habbiamo potuto non solamente vedere, ma comprendere tutti i fatti, & gesti, ordini & disordini,

Gio. (Questa è buona.)

Mo. Di ciascuna persona di ogni fatta, & anchora che gli Storiografi sieno stati in lite di credere di dire il uero ciascuno, o lodando, o uituperando, pur s'è veduto di gran cose; Imprese di Re, fatti di Imperatori, discrittioni di tempi, & disegnamenti di luoghi: Onde da molti questa Historia è stata chiamata maestra della uita, & cosa utilissima per insegnarla. Et ha questa cosa apparenza del vero, quando gli huomini tirati da gli essempi di cose uarie, et tocchi da uno sprone di ottimi fatti altrui, si son posti a far qualche bella impresa.

Gio. (L'è vna lunga tirata; Horsù io haurò anchora patienza vn pezzo, leggi uia.)

Mo. Per acquistarsi vna gloria immortale, lode al nome suo, et fama a suoi descendenti. E uero che la Historia pone anchora di alcuni cattiui huomini, de mezzi buoni, & cattiui, & di quelli, che non sono nè l'uno, ne l'altro. Pure tutti i gran fatti si scriuono, o la maggior parte: talmente che questo hauere fama ci fa operare gran cose. A Trogo di Pausania, la gli fece cometere l'omicidio del Re Philippo.

Dol. Io odo cicalar non so che di Pausania, questa sarebbe bella, che ragionassino di quello che noi fauellauamo.

Cor. E dicano anchora di non so che Historia, star pure in orecchie.

Dol. Fermati che la sarà bella cosa veramente.

Mo. Et a Erostrato abrucciare il tempio di Diana. anchora che a dispetto della Fama fosse interdetto che non si nominasse il malfattore, pur fu ricordato; & conseguì il suo intento. anchora che morendo: egli si rideua della loro pazzia.

Gio. Perche?

Mo. Disse egli, il tempo non haurebbe egli il vostro tempio a ogni modo consumato? non ui basta hauerlo veduto, che vi sa, che altri goda il vostro? voi amazzate me, che sono vn semplice huomo, quando sarò distrutto che haurete fatto? a ogni modo mi sarei consumato a poco a poco: quello che io sopporto hora voi anchora lo sopporterete; voi non mi fate nulla di piu, di quello m'haurebbe fatto la natura. Ecco che io vi so conoscere che non hauete autorità di farmi nulla, perche vi date a credere a tormi la vita. O tu ci saresti forse viuuto molti anni anchora? a far che? non ho io veduto, prouato, gustato, goduto, piu & piu volte quello, che si puo hauere in questo caso di vita? che proue grande son le vostre? a dar fine a quella cosa, che è piu facil cosa a finir che sia. Hora andate & cercate di perpetuare i vostri fatti, & essercitare il vostro ingegno in altre piu honorate imprese che in questa, perche è nulla. Già sono stracco & satio di questo viuere, & il mio animo s'allegra, & giubila d'vscire di questa carcere, con l'opinione di si gran magistrati, che a un bisogno senza piacer d'alcuno si sarebbe partito. Come puo egli restare di non hauer vn gran contento di questo? vdendo il piacere, che tutti n'hauete. Il mio animo non e già punto da voi oppresso, ne lo potete offendere, ne mai l'offen-

derete: hor fate di me la uolontà vostra, perche questo è un ca=
mino, nel quale voi mi mandate inanzi & n'hauete piacere, &
io mi rallegro che mi seguiterete, & ne son certo. Son certo
che io camino volentieri, ma uoi non mi seguirete forse cosi
volontariamente.

Gio. Costui si rideua di loro, & non temeua la morte, a lui gli bastaua hauere abru=
ciato il tempio; del resto non se ne curaua punto.

Mo. Non pare a me. Ma doue siamo noi Gioue?

Gio. In nel mondo pare a me che ci habbi trasportato queste nube.

Mo. Sarà bene poi che noi siamo qui, che pigliamo vn corpo per uno
d'aere condensandolo insieme poi piglieremo il colore da quel va
poroso & grosso come fa l'arco.

Gio. Sarà forse meglio che noi caminiamo inuisibilmente perche potremo stare a uedere
ogni cosa, senza che alcuno altro vegga noi.

Mo. Faremo o l'uno o l'altro.

Gio. Anzi l'vno & l'altro. Io andrò inuisibile e tu piglierai corpo.

Mo. Gioue di gratia non mi far piu far tali cose da ridere, perche tu
sai quanto l'altra volta io tornassi mal concio dal mondo.

Gio. Tu doueui anchora mandarmi tal persone quando eri in Cielo, che hora le ti ser=
uissino a qualche cosa.

Mo. Io mandai quelle che vi volsero andare: ma in che forma vuoi che
io ci ritorni?

Gio. In habito di Pellegrino.

Mo. Vieni anchora tu, che cotesta opinione non mi dispiace.

Gio. Son contento, hor pigliamo corpo & scendiamo in terra.

Dol. Che begli aspetti, oime che begli huomini sono vsciti di quella
nube, o che faccie Diuine; certamente e'sono qualche nu=
mi Celesti.

Cor. Io son restato mezzo stupefatto, e tanto piu che ci sono appariti inanzi come inui=
sibili. Onde sto in dubbio se io dormo, o s'io veglio, & se per sorte io son
desto, & che nell'Academia dica d'hauer veduto due si fatti Peregrini vsciti
d'vna nuuola ciascun si riderà del fatto mio.

Y

Dol. Sempre sarò testimonio a tanta verità; anzi sarà bene fare intendere questo caso, accioche venendo a vn bisogno nell'Academia nostra, sieno riceuuti mirabilmente.

Cor. Sarà ben fatto. Andiamo.

GIOVE, ET MOMO.

Gio. MAI; Se bene io fossi stato mille anni a pensarci mi sarei potuto imaginare la gran mutatione che ha fatto il Mondo; dice bene il vero, a noi altri de i mille anni che ci paiano vn giorno in questo tempo che io sono stato a fare non so che mondi nuoui, come tu sai Momo. questo mondo vecchio ha mutato culto, anzi n'ha fatti infiniti, & vna religione n'ha partorite mille, & vna inuentione s'è tirata dietro l'altra, in modo che la cosa va come la và. Che di tu Momo, come ti pare egli variato da quel tempo in quà che tu ci fosti.

Mo. Quanto dal dì a la notte, gli huomini ricchi che son sì liberali a gli altri huomini, & che poi e caggino in pouertà, tutti coloro c'han no goduto, & vsurpato; lo lasciano come vna bestia.

Gio. Ricorderami, come io sono in Cielo, che io gli voglio riarichire, et far che diuentino tanti Asini con ciascuno.

Mo. Non in buon'hora, solamente a coloro che gli faceuano carezze per i suoi thesori.

Gio. Apunto; sia pur Asino con tutti, perche sono stati pochi coloro che gli volessin bene per i suoi begli occhi.

Mo. Non sarà da marauigliarsi adunque, se i ricchi non daranno più a nessuno, & che sieno auari.

Gio. Tu vedrai.

Mo. Io mi son pur riso d'un ricco che ha fatto vn testamento, alquale per disgratia sono stato testimonio, egli era per dare i tratti, & pensaua a tante cose che pareua che gli hauesse da rifare il mondo. Voleua che la sua Donna fosse Madonna e Messere; i figliuoli redi, & non redi, lasciaua a questo, voleua che fossi

dato a quell'altro, pensaua al corpo, all'anima; all'anime de
suoi passati, a quelle che haueuano da venire, per insino in ter=
za & quarta generatione. Io voglio ogni anno così, ogni tan
ti anni, colà; & perche, disse il Notaio, attendete ser huo
mo a morire, & lasciate fare a chi resta; che u'importa, che la
vostra Donna facci, o non facci; i vostri figliuoli sieno, o non
sieno; non sono eglino grandi & grossi; parrebbe che non sapes
sino viuere senza le vostre ordinationi. Che sapete voi che
gli habbino a nascer tanti a quanti voi lasciate, a figliuoli de fi=
gliuoli, che furon figliuoli, de figliuoli de miei figliuoli. Voi
farneticate messere, attendete vi dico a sbasire; non hauete uoi
fatto della roba sessanta anni a vostro modo? non vi basta?

Gio. Doueua essere un galente Ser Notaio cotestui da che lo farbottaua così a proposito.
Mo. Il Bello fu dell'Epitaffio che voleua sopra la sepoltura, e u'erano
venticinque galanti huomini che ne fecciono all'improuista, &
altre tanti gli furon detti che erano stati cauati di quà & di là.
Gio. Dimmene alcuno di gratia che son cose da ridersene.
Mo. Egli lo uoleua in marmo, messo tutte le lettere d'oro. & il mes=
sere che gli predicaua la religione, diceua che gli era peccato di
Vanagloria, & di pompa, così si risoluè di farlo tinger nero.
Et che dicessi a questo modo. FRVOSINO
DI CELSO, CHE FV DI FRO
SINO, ASSETTATO, CHE
EGLI HEBBE LA ROBA, ET
ACCONCIE LE SVE BRI=
GATE, ACCOMODO' SE ME
DESIMO IN QVESTA SE=
POLTVRA, DOPO CHE FV
STATO AL MONDO LXXI
ANNO MESI DI ET HORE.

Gio. *Che disse egli di questo.*

Mo. *Non gli piacque; voleua che s'agiugnesse, e fu mercante, e fece la roba, & la destribuì, e fece di due case un palazzo, lui fu il primo che fece far l'arme di casa sua, & tolse moglie del tal tempo, rimase senza padre di tanti anni, & si gouernò da vecchio.*

Gio. *O vedi che filastroccola.*

Mo. *Vn'altro gli disse messere il dir breuemente ne pataffi, fu sempre mai lodabil cosa. Io per me s'io hauessi a morire con tauole lapidee in tetrasticon; ci vorrei due impennate di scrittura (& disse)* ORIONE, QVÀ DENTRO È MORTO, DISOPRA VIVE.

Gio. *Non mi dispiace cotesto, perche se và al Cielo, disopra viue, se và da Radamanto, disotto è morto, essendo in vita anchora, viene a esser sopra la sepoltura, & morto stà la dentro. Ma che disse egli?*

Mo. *Dice che voleua che la sua sepoltura fosse fatta a graticole disopra per poter sfiatare, se ve lo mettessino per sorte che non fossi ben ben morto, perche si fa tal volta per la roba di mali scherzi alle persone, & però non gli piaceua quello dentro, che se'l pataffio hauessi detto sempre disopra, che se ne sarebbe contentato.*

Gio. *Ah, ah, chi non riderebbe, seguita.*

Mo. *Vno gli andò per fantasia, ma la moglie e i figliuoli non uollono che si scriuessi.*

Gio. *Come diceua.*

Mo. FRVOSINO, *Fece uiuendo far questo Sepolcro, Conoscendo quanto fosse poca la discretione de suoi Heredi.*

Gio. *E diceua troppo il vero, ma che gli faceua egli; se ben l'hauessin tratto in vn cesso.*

Mo. *A ogni modo costoro son pure i nuoui pesci che pensano a tante cose; Odi quest'altro che gli fu messo per le mani da un pazzo suo amico, che faceua il* Buffone. *Fruosino di gran Roba,*

& gran gouerno, lasciò il Corpo quà, & l'Anima all'Inferno.
& lo disse ridendo, poi gli dimandò se fosse stato mai Soldato.
& egli che haueua caro rallegrarsi (con questo baione) alquanto
inanzi che tirasse le calze: gli disse di si. Adunque disse il
suo amico io ho vno pigramma per lettera che sarà per uoi, che
cosi. Qui ghiace Fruosino soldato, Huomo da bene, che con
la spada sua non fece mai sangue. Foste uoi mai Ballerino
gli dimandò il Medico, perche non ho uno a proposito molto.
Io fui il mal che Dio vi dia, rispose il mezzo uiuo. Ei fu
bene inamorato, rispose la moglie, diren cosi, disse all'hora il
medico. Qui è sepulto di Fruosino il corpo, senza cuore,
come colui che'l diede alla Druda.

Gio. O che risa si douerebbon fare di queste baie del Mondo. Morì egli?

Mo. Non so piu là, che io me ne uenni.

Gio. Ne i templi ho veduto io molti di questi scritti; hor che tu m'ha fatto ricordare perche andando a torno & leggendogli veniuo a rimettermi a memoria a chi furon coloro; vn giocator disse ben venendo a morte. PERIANDRO SE RIPOSA, CHE GIOCÒ IL SVO, ET MANGIÒ QVEL D'ALTRI. Vn'altro che haueua di sale vota la Zucca disse. (Quel che io sono non si vede, quel che io fui non si puo uedere, & quel che io farò non si vedrà mai.)

Mo. Come dice quello di quel Sauio, che faceua far la sua Statua d'Oro.

Gio. L'huomo è morto, il nome viue; visse l'huomo per morire, & morì il nome per viuere.

Mo. O che pazze cose dicon questi spensierati, quell'altro disse. Io nacqui di corruttione, uissi di materie, che si corrompono, & morto son corrotto; lo Spirito è, stato, è, & sarà incorruttibile.

Gio. I plebei non si curano di queste filastroccole, & fanno bene a non entrare in questa moresca, perche nell'vltimo del gioco, le Colonni, i Cassoni; l'Arche, & i truogoli ne vanno in poluere.

Mo. Da che io ho udito di truogolo, un certo che haueua consumato tutto il suo, giunse alla fine che non gli era rimaso altro che un gran vaso di pietra, & morendo si fece ficcar la drento, con certe parole che io non me ne ricordo simili a queste. Il tale godè tutto il suo in uita, & gli restò questo truogolo che se lo godè in morte, & ha fatto questo perche alcuno non goda il suo, altri dicono che disse, Io fui, non sono, & hebbi, & non ho: uoi siate & hauete, non sarete & non haurete.

Gio. Io sono stracco d'vdir pigrammi non me ne dir piu.

Mo. Vn solo che un Padre Saluador de gli Angeli di Fiorenza mi mostrò alla Giudecca Isola del Mare Adriatico, che dice
M. CCC. XLVIII A DI III Giugno.
Hic est di Bettino Quondam Mattei Benedicti, de Luca e redum suorum: de confinio Sancti Fantini.
In qua iacet, Gianino & Stefano Figlioli di detto Bettino.
Madesi, che egli è bello.

Gio. Ah, ah, ah, che nouelle risibili. Io ne dirò anch'io vno d'vno pouero Huomo.

Mo. (Egli è per tua gratia)

Gio. IL FINI DA FINALE, FINI' LA VITA SVA DI LX ANNI IN PRIGIONE: VISSE ANNI XII. IL RESTANTE CHE EGLI STETTE IN CARCERE, NON SI SEPPE RISOLVERE, D'ESSER MORTO, O VIVO.

Mo. Et quello che disse; QVI GHIACE MILO CONTRO SVA VOLONTA; disse il uero, che non si troua alcuno che volentier ui stia, ne che volentieri muoia.

Gio. Fu bello, bello, bello, certo. Costui meritaua vna Mole come Adriano, vn Obelisco come Ciro, vna Colonna come Augusto, vna Polimite come Semiramis, & vna Pirramide al par d'ogni Maccabeo, si disse bene.

Mo. Gioue vuoi tu, far meglio.

Gio. Che cosa vuoi tu che io facci?

Mo. Toglianci via di questo mondo, che io ti prometto che se noi ci stiamo troppo, costoro si rideranno de fatti nostri, perche veramente se tu rimiri cosa per cosa che si fa in questo mondo, le son tutte bagatelle da riderséne.

Gio. Non mi risoluo cosi tosto, io la voglio riuedere piu per il sottile. Andiamo a posarci per hora.

Mo. Hai tu ueduto Gioue quando i Bambini fanno de fantocci di terra & che tolgano delle lor frascherie & fanno delle feste?

Gio. Si ho, che vuoi tu dire?
Mo. Gli huomini di tempo, i vecchi non si fanno beffe di quella lor semplicità?
Gio. Si fanno che è per questo?

Mo. Quando uno gli toglie loro, o guasta loro quelle baie, non piangono eglino quei fanciulli vn pezzo.

Gio. Anchora per vna palla, si mettono in disperatione & in pianto.

Mo. Ecco che a me mi par vedere le faccende del mondo sieno in quello essere, a noi altri Dei le ci sono in manco conto. Chi guasta un fantoccio di terra a un putto, lo fa piangere, & pur son baie, chi rouina un palazzo o una statua, e si disperano, & alla fine le non son manco le bagatelle de gli huomini, a nostro paragone; che sieno quelle che i putti a i vecchi padri.

Gio. Sarà ben Momo che noi andiamo a vedere il Mondo che noi facemmo per i Saui che costoro hanno detto de Pazzi.

Mo. Da quei Saui, a quei pazzi, che tu hai fatti, & che loro hanno chiamati a lor modo, poca tara c'è che fare, pure il veder quel che fanno sauiamente, & pazzamente, darà giuditio di quel che tengano piu.

Gio. Chi sarà quello che darà questa sentenza, che vno sia Pazzo & l'altro Sauio, a sententiare vn Pazzo ci và vn sauio, ma doue è questo Sauio? & a giudicar un Sauio ci và altro che Pazzi.

Mo. Non piu che il riderfi anchora d'ogni cosa non è troppo atto da Sauio.

L'ACADEMIA
PEREGRINA
E I MONDI SOPRA LE MEDAGLIE
DEL DONI.

DEDICATA ALLO ILLVSTRISS. ET ECCELL. S.
IL SIGNOR PIETRO STROZZI.

MVNDVS TOTVS

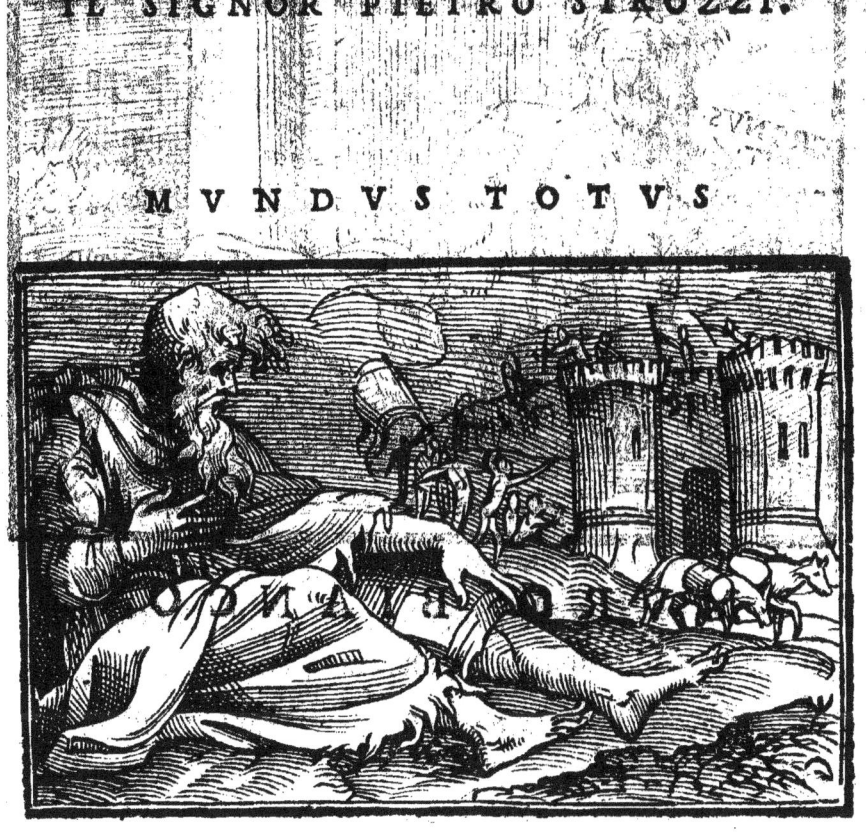

IN MALIGNO POSITVS EST.

IN VINEGIA NELL'ACADEMIA P.
MDLII.

L'ACADEMIA
PEREGRINA
ET MONDI SOPRA LE MEDAGLIE
DEL DONI.
CARTA DA MATTI
DEDICATA ALLO ILLVSTRISS. ET ECCELL. S.

MVRO BIANCO.

IN MALIGNO POSITVS EST.

IN VENEGIA NELL'ACADEMIA P.

M. D. LII.

IL SAVIO ACADEMICO
PEREGRINO
A I LETTORI.

Poi ch'io mi sono aggirato co'l ceruello, & ripinto vn pezzo di quello, che io ui doueua dire in questa Epistola, mi sono alla fine risoluto. Voi haureste forse piacere di sapere quello che io haueua pensato in tanti riuoltamenti di dirui. Questa sarebbe vna certa domanda che terrebbe, di quel che dice chi cerca i fatti d'altri non può esser sauio. Son ben contento di diruene vn certo che. Prima inalberai con il nome, se io doueua chiamarmi il Sauio, o il Pazzo; s'io mi battezzaua per matto, tutto quello che io hauessi scritto, le Signorie vostre, l'haurebbono hauuto per materia. O, il dirti sauio non monda nespole; a questo si risponde che anchora i matti spacciati non si tengano pazzi, ma saui; se adunque voi mi chiamaste per il nome mio non sarebbe gran fatto, percioche sauio letteralmente, vuol dire in lingua Italiana Pazzo publico. La seconda cosa che io strolagai nel mio cerebro, fu del titolo di questo nuouo Mondo, & quando l'hebbi aburattato forse sei, o sette hore; colpì su'l nome del Mondo de Saui, al qual nome se gli pone la briglia sul collo, che possa correre alla scapestrata, fra i Saui, & fra i Pazzi, & che uoi chiamate lui, & me; Pazzo & sauio, sauio, & pazzo come voi uolete. Se ben uoi lo chiamaste mondo Hermafrodito, non ue ne darei una ca-

Z ii

stagna; perche la nouella che io pensai ultimamente di diruiracconcia le some per la uia, & e questa. Dice che fu un tratto nel tempo de gli Indouini, quando le persone sapeuano quel che egli haueua a esser dì per dì; et hora per hora: che questi Indouinatori uiddero per uia di strolubio, & per mezzo di Capricorno & Cancro (che venga loro) che tutti coloro del paese, doue questi farfalloni habitauano: haueuano a diuentar pazzi pazzi, pazzissimi, & che l'haueua a durar loro questa materia parecchi settimane, & Dio sa poi come guarirebbono: & questo accidente doueua uenire perche egli era stato un gran secco: et haueua a uenire una grandissima grandissima acqua, onde il gran puzzo che haueua a fare il terreno : dando lor nel naso, gli haueua a far diuentar matti. Cosi questi strologatori, o Indouini che io mi uoglia dire, antiuedendo questa materia, si ristrinsero insieme, cioè unirono tutta la lor sauiezza in vno. Et fecero fare vna stanza con tre o quattro cerchi di muri: & la fecero foderar d'asse, & turar tutti i buchi, & tutti i fessi de gli usci, & delle finestre: accioche'l puzzore della terra non andasse loro al cerebro. Eccoti l'Orco, idest il dì che cominciò a piouere, et loro a un tratto corsero a inbucarsi la dentro in quella casa matta, che eglino haueuano fatto fare a bella posta. In questo caso le signorie loro teneuano piu tosto del Pazzo cattiuo che nò, conciosia cosa (disse Cato) che s'haueano imaginato di farsi padroni de gli altri, con dire noi non sentiremo il tuffo, & non impazzeremo: gli altri sentendo il tanfo impazzeranno; Noi saremo i saui, & loro i Matti: & cosi gli ordini uogliano (alla legge ca. 2. ff. de consultis, & al. cod. 4. m. de finibus, & al testo p. s. ff. c. de nonnullis.) che i saui gouernino i Pazzi, ergo noi ci facciamo padroni di tutto questo tenitorio. & qui fra loro faceuano vn guazzabuglio di frappe, vn saltar d'allegrezza, vn fregar le mani l'una con l'altra, & il cul per terra, vn rider smascellatamente. Breuemente egli erano in frega come i Gatti di Gennaio la dentro, quando sentiuano venir giu quell'acqua grossa, che pioueua a secchie rouescie; che le Cathene non sarebbono state fuor di proposito per loro anchora. Passato la fumana, & venuta la pioggia al fine; i fummi restarono a tutti i popoli nel capo, & per questo cominciarono a far mille materie; & costoro fuori per insignorirsi de la terra, & impatronirsi della roba. Piu vi diro, che questi Saui in opinione fecero certi vasi, i quali a certo tempo con ingegni si chiudeuano, & gli posero in alcuni luoghi secreti, doue nel tempo della pioggia, quando il puzzo andaua a torno e s'empierono di quel fumo, & si serrarono; De i quali vasi ce ne sono anchora hoggi, & ne sarà per l'auenire sempre qualch'uno per moltiplicare; Et quando per disgratia egli ce ne capita alle mani alla giornata, & che noi gli fiutiamo, in vn tratto diamo la uolta al canto, & al ceruello. Vn di questi, credo che fosse quel di Madonna P A N D O R A che haueua dentro tutti i mali, i quali usciuan fuori (se'l testo non falla) a vn'hotta: per che l'esser pazzo a tutto pasto, o hauer voltato sotto sopra è vn'hauer tutti i mali adosso che sieno, & non sieno al mondo: & non crediate a quelle baie, che dicano i Poeti da scoreggiate che gli uscissin tutti i difetti, & le malattie a vna a vna, & che il sonno vi restassi dentro: madesi: l'esser matto ui dico e quella che vale e tiene. Anchora quel pouero Armauiro d'Orlando; douette anasare il Vaso di A N G E L I C A; cioè che Angelica haueua, che doueua essere anche egli vno di questi, & impazzò,

& bisognò poi a rinsauire che fiutaße vna ampolla. Basta mò, il caso fu questo, che gli STROLAGHI Indouini vsciron fuori dopo alcuni giorni Saui, saui, che pareuano la Riputatione ritratta a pennello, & se n'andaua-no in contegno diritti su la persona come se foßero tanti Ceri Pasquali. Et quando viddero tutto il Populo correre, & imperuersare in quà & là, saltare, ridere, gridare, stridere, cantare, ballare, sonare; & chi faceua vna cosa, & chi ne pazzeggiaua vn'altra, tanto è, vn romore, vn frastuono, vn rombazzo, come se voi vedeßi hoggi da vn canto mattacini alla Moderna saltare, musici; dall'altro in vn rozzo come gli STORNELLI che faceßero, am, em, im, am, em, im, o, a, e; o, a, e; con la boce. & altri sonatori che ha-ueßero piena la bocca di vento, gonfiate le gote, con quei brutti visi, che tutto dì faceßino Chiur lu ru, liron, liran; Chiur lu ru, liron, liran. Chi cacciaße vna Tromba dentro & fuo-ri; vn'altro menaßi le dita turando buchi, & chi deße in vna carta Pecora a far; tu, tu, pi, ti, tu; tu, tu, pi, ti, tu, insino alla sera. Poi vedeste otto ò dieci balli di generation di-uersa che saltaßino & pestaßino il terreno tutto dì, come si fà d'Vua nel tino. Vna simil cosa faceuano questi pazzi, che s'haueuano pieno il capo di quel fummo. I SAVI adunque uolsero cominciar a porci regola a questa cosa, & dar ordine quà & là; ah, ah, ah; e mi vien voglia di ridere, che la cosa succede altrimenti, perche i Matti erano piu, piu, piu aßai che i Saui; & ueduto che costoro non faceuano come lo-ro, se gli ficcarono a torno con le cattiue parole, & con i peg-gior fatti, onde furon forzati a fare come loro, et pazzeggiare a lor dispetto. Cosi i Saui entrarono nel numero de i matti contro a lor uoglia. Io adunque pensando di fare un mondo de Saui, & hauer nome sauio, dubito di non diuentar pazzo, & fare il Mondo de pazzi, ma io vi giuro per la fede mia, che se voi Saui che leggete, non entrate anchor voi nel numero de pazzi, che noi faremo tanti pazzi che a uostro dispetto ui faremo entrare.

MONDO SAVIO
DELL'ACADEMIA PEREGRINA.

DEDICATO ALLO ILLVSTRISSIMO S. IL SIGNOR MARCHESE D'ORIA.

IL Pazzo, & il Sauio Academici, per vna visione mostrata da Gioue, & da Momo in forma di Peregrini; veggono vn nuouo mondo, il quale da vn di loro è detto Pazzo, & da vn'altro Sauio Mondo.

SAVIO, ET PAZZO.

EN mi pareua sogno; ben diceua io la non è cosa che possi essere, ma pure ella haueua tanto del proprio, del viuo, & del buono che la mi tratteneua con grandissimo diletto.

Pa. Taluolta vengano veri i sogni, ma se tu mi vuoi fare vn piacer grandissimo,

MONDO SAVIO. 94

da che tu mi hai detto tanto inanzi, cio è che tu non vedesti mai la piu bella cosa, comincia da capo & disegnami il luogo, & a cosa per cosa dimmi il tutto particolarmente. Mi par gran cosa veramente che si ritroui vn mondo, che ciascuno godi tutto quello che si gode in questo nostro, & che non habbino gli Huomini se non vn pensiero, & tutte le passioni humane sien leuate via; comincia adunque insino dal principio del Sogno.

Sa. E mi pareua d'esser nella nostra Academia, & ch'u'entrasse dentro due Pellegrini, i piu belli huomini che io vedessi mai, & dopo che gli hebbero veduto, & inteso i nostri ordini, vdito i nostri ragionamenti, ascoltato la nostra lettione, & intrinsicatesi con esso noi, parue che vn pigliassi me per la mano, & l'altro te per l'altra, & che ci menassero in vn Mondo nuouo diuerso da questo.

Pa. So che io non ci fui, ne mi ricordo hauer sognato cosa alcuna.

Sa. Questi Peregrini ci menarono in vna gran Città, la quale era
AA ii

fabricata in tondo perfettissimo, a guisa d'una stella. Bisogna che tu t'imagini la terra in questa forma come io te la disegno in terra. Ecco che io ti segno vn circulo, fa conto che questo cerchio sieno le muraglie, & quì nel mezzo doue io fo questo punto, sia vn tempio alto, grande come è la cupola di Fiorenza quattro o sei volte.

Pa. Bisognerà che noi scambiamo il nome da te a me, perche tu di cose da pazzo.

Sa. Ascolta pure. Questo tempio haueua cento porte, le quali tirate a linea, come fanno i raggi d'una stella ueniuano diritti alle mura della Città, la quale haueua similmente cento porte, cosi veniuano a essere anchora cento strade. Onde chi staua nel mezzo del tempio, & si voltaua tondo tondo, veniua a vedere in vna sola uolta tutta la Città.

Pa. Mi piace che arriuando vno nella terra, veniua a esser fuori di questo pensiero di fallar la strada, & quei di dentro d'insegnarla, che non è poco rompimento di ceruello hauere a dimandare doue si và di quà, di là, volta a man manca; ritorna, fermati, & va piu su. Era altra Città al Mondo Nuouo di cotesta?

Sa. Ciascuna prouintia ne haueua vna, come dir verbi gratia la Lombardia, la Thoscana, la Romagna, Frioli, la Marca, & vattene là.

Pa. Et il restante del paese. in fra queste prouintie a che seruiua?

Sa. Seruiua, che ciascun terreno fruttificaua secondo la natura sua, perche doue faceuano bene le viti, non ui si faceua piantare altro; doue il frumento, doue i fieni, & doue le legna, non s'andaua framettendo altro, se non vna di queste cose.

Pa. Hora conosco, perche le nostre possessioni non ci rendano piu che noi vogliamo fare fruttare vna sorte di terra, d'ogni cosa; biade, vini, olij, frutti, grani, legne, & fieni. Onde non cosi tosto vno hà due campi di terra, che gli vuol far fare di tutto, & il terreno non è buono per tante cose, la natura sua non lo comporta, però vna ne fa bene, & dieci male.

Sa. Cosi mi pare anchora a me. Et tutti coloro che habitauano il paese che faceua vino, non attendeuano ad altro che alle vigne, piantar vigne, cultiuarle, accrescerle, & gouernarle, talche in pochi anni sapeuano la natura della pianta, & l'esperienza de passati faceua far miracoli a quelle piante.

P. Questa cosa mi và per fantasia, per diuentare perfetto in vna cosa.

M. Haueua la Città in ogni strada due arti, come dire da vn canto tutti Sarti, dall'altro tutte le botteghe di panno. Vn'altra strada, da un canto spetiali, all'incontro stauano tutti i medici; Vn'altra via calzolai che faceuano scarpe, pianelle, & stiuali; dall'altro tutti Coiai; da vn'altra fornai che faceuano pane, & al dirimpetto, mulini che macinauano a secco. Vn'altra via tante donne che filauano, & dipanauano, riducendo i lor filo a perfettione, & quelli all'incontro tesseuano. Onde vi veniua a esser dugento arti, et ciascuno non faceua altra cosa che quella.

P. Del mangiare?

M. Eranui due strade o tre d'hosterie, & quello che cucinaua l'vna, cucinaua l'altra : & dauano tanto mangiare all'vno quanto al= l'altro : Questi non haueuan altra faccenda che dar da mangiare alle persone : & quando haueuano bisogno di calze, se n'an= dauano dal Sarto, & se le faceuan dare, cosi tutte l'altre cose per loro vso, & erano compartite le bocche; percioche toccaua per hosteria, verbigratia cinquanta, cento, o dugento huomi= ni : & come haueuano dato da mangiare a tanti quanto gli toc= cauano : serrauano la porta ; talmente che tutti andauano di mano in mano infino all'vltima. & di ciascuna strada haueua cura vn sacerdote del tempio, & il piu vecchio de cento sacer= doti, era il capo della terra; il quale non haueua altro che tan= to quanto ciascuno altro. I uestimenti erano tutti equali, saluo che i colori, che infino a dieci anni era bianco, infino a i venti verde, da venti a trenta paonazzo, infino a i quaranta rosso, & poi il restante della uita negro, & altri colori non vi bisognaua.

Pa. Ancho questa non mi dispiace di questa equalità, che sì come è il nascere, & il morire tutto ua sopra una linea, che anchora il uiuere non uscisse di riga. Ma chi s'amalaua?

Sa. Andaua nella strada de gli Spedali, doue era curato, uisitato da medici, & almanco la lunga sperienza, e tanti medici, che non haueuano altro che fare, & poneuano tutto il lor sapere in curare: faceua far bene ogni cosa.

Pa. Oh come staua male che un ricco andassi allo Spedale.

Sa. Sta in ceruello quiui non era più l'uno che l'altro ricco, tanto mangiaua, & uestiua l'uno, & haueua casa fornita, come l'altro.

Pa. A nascere come andaua.

Sa. Una strada, o due di donne, & andaua a comune la cosa. Onde non si sapeua mai di chi uno fosse figliuolo, & a questo modo la cosa andaua pari, perche nascendo era alleuato, & come veniua in età, si faceua o studiare, o imparare un'arte, secondo che gli porgeua la natura.

Pa. Benedetto sia cotesto paese, che leuaua via il dolor della morte della moglie, de parenti, de padri, delle madri, & de figliuoli, onde non si doueua mai piangere?

Sa. Non mai, perche si leuaua dalla madre subito che era grandicello, & si daua a gouerno de gli huomini, & le femine, ad altre femine che insegnauano.

Pa. Costà non accadeua rubare, perche non sapeua che far delle cose uno che l'hauesse tolte, perche hauendo da viuere & da vestire, & esser gouernato, non accadeua impacci, le donne doueuano tenere i panni lini per mutarsi, & esser le botteghe di ciascuna cosa; to questa vecchia dammene una nuoua. Ecco la brutta, dammi la bianca,

Sa. Così staua.

a. Quell'hauer le donne in comune non mi piace.

a. Anzi per esser cosa da pazzi ti harrebbe a piacere.

a. Delle doti, & del litigare.

s. Che doti, o che liti, perche cosa s'haueua egli a litigare? Tutto era comune, et i contadini vestiuano come quei della terra, perche ciascuno portaua giù il suo frutto, delle sua fatica, & pigliaua ciò che gli faceua bisogno. Guarda che s'hauesse a stare a vendere, & riuendere, comprare & ricomprare.

Pa. O che possi egli star sempre in piedi cotesto viuere, poi che la turba de Notai, de Procuratori, Auocati, & altri lacci intrigati, vanno a monte, & che tanti & tanti inganni & falsità mercantili, sono disperse in cotesti paesi. Vedi che andò un tratto alla malhora, la stadera, il braccio, lo staio, la mina, la canna; & tante misure che sono al mondo per istratiar la gente.

Sa. Ogni sette dì faceuano la lor festa, come a noi la Domenica, et in quel dì non si faceua altro che stare nel Tempio, con gran diuotione, et ogni sera due hore inanzi la notte, ciascuno faceua festa del suo lauorare. Così ogni dì veniuano ad hauere d'ogni cosa un poco, et la mattina tutti visitauano il Tempio, et poi attendeuano a loro exercitii.

Pa. I vecchi, vecchi, che non poteuano far nulla, ne caminare?

Sa. Si stauano a gli spedali, & erano gouernati, et mantenuti, equalmente, et haueuano questo, che faceuano l'uno all'altro, tutto quello, che ciascuno vorrebbe che fosse fatto a lui.

Pa. Questa ordinatione è stata buona a uscir di bocca tua, perche è cosa sauia, ma de mostri che nasceuano, come sarebbe, gobbi, zoppi, guerci &c. doue doue?

Sa. Un pozzo grande grande v'era, nel quale si gettauano dentro tutti subito nati: onde non si vedeua queste diformità in quel mondo.

Pa. La cosa mi va, ma non la lodo; delle infirmità incurabili, come son Cancheri, mal Francese Fistole, Posteme, Tisichi, & altri mali?

Sa. Certa beuanda di Risagallo, & di Sollimati, Arsenichi, & simili Sciloppi, la guariuano in un'hora.

Pa. Troppa disonesta.

Sa. O, egli si da qua à chi è bello, buono, sano & fresco, che fa vtile & non danno, però posson costoro per leggittima cagione seruirsene?

Pa. Era bella cosa veramente vscir d'affanno a vn tratto, & cauare altri di danno & di sospetti. Io comincio a comprendere che si leuauano via tutti i vitij, qua non accade giocare, perche l'hauere danari & non sapere che farne è vn sogno.

Sa. Danari non ce nè tanta, disse il Cieco, coloro che proueedeuano da mangiare, andauano a tor la carne a i beccai, il vino alle Canoue, le legne alle Cataste, et sopra tutto quel trattare eguali le persone mi piace, il leuar via il disopra il disotto, l'andare in mezzo, et altre nostre cirimonie.

Pa. S'io non hauessi paura di fastidire te & me a vn tratto, io allegherei sempre a ogni cosa che tu di, il tal che dette la tal legge v'era cotesto medesimo, ilquale che dette quell'altra, anchor lui ordinò cosi.

Sa. Che rilieua cotesto, chi è dotto che habbi letto la Republica di Platone, la legge de Lacedemoni, de i Ligurghi, de Romani, et insino de Christiani, la doue il Diauol tien la coda, ma chi non è esperto in libris, non accade fargli piu pataffi di nouelle, basta che questo è sogno, questa è sauiezza, questa è opinione de gli huomini, questa è pazzia.

Pa. Vero, vero, io ci sono per vna gran parte, come faceuano costoro per conto delle donne a non venire in quistioni?

Sa. L'hauere vna, due, tre, cento, et mille femine al comando della S. V. non vi farà mai entrare in bizzarria, perche si perde l'amore, tanto piu che l'huomo s'è assuefatto a quella legge, a quell'ordinariaccio senza amore.

Pa. Cosi si debbe fare lasciare la cosa a benefitio di natura. Ma s'uno si fosse inamorato.

Sa. Non sai tu che l'amore consiste nella priuatione della cosa amata, in quella rarità, in quel difficile, tosto passano simili apetiti, &

quell'habito

quell'habito del non hauere a patire, scancella subito simil partite.

Pa. La non mi piace cotesta ordinatione, a esser priuo d'vno ardente desiderio amoroso, & d'vno inferuorato desio.

Sa. Se tu considerassi quanti mali si cancellano, non diresti cosi; Il Vituperio non ci sarebbe; l'Honore non sarebbe sfregiato; i Parentadi non sarebbon vituperati, non sarebbono amazzate le moglie; non vccisi i mariti; non accaderebbono alla giornata quistioni, le femine non sarebbon cagione d'infiniti mali, sarebbono spenti i tumulti dalle nozze, le nascoste fraudi de maritazzi, le ruffianerie, le liti delle recuse; gli assassinamenti delle doti, & le trappole de gli inganni de gli scelerati; Insino alle donne, per questo stupro hanno amazzato i lor mariti; delle quali ce ne sono antichi & moderni essempi, & per vna femina per vn'altro amore, si sono spente le famiglie honorate, & le case nobilissime.

Pa. L'ha ben questa tua ragione vn certo che del verisimile, ma chi non volesse lauorare, come andrebbe ella.

Sa. Chi fossi poltrone, & gli ne fossi stato soportato vna due & tre, s'ordinaua che non mangiasse se non fatto il suo lauoro.

Pa. Chi non lauora non mangia adunque.

Sa. Domine ita, & tanto haueua da mangiare l'vno come l'altro: come t'ho detto.

Pa. Vn goloso, vi sarebbe stato male.

Sa. Che golosità voleui tu che gli venisse, in apetito se non haueua gustato altro che di sei, o dieci sorte viuande il piu piu.

Pa. E ben fatto, bene: & piacemi questo ordine d'hauere spento quel vituperio de le vbriachezze, de vomiti, di quello stare a crapulare cinque & sei hore da tauola. Si che la sta bene questa cosa. So che le composte, le zuccherate, le sauorate, le zanzauerate non dauano troppo disturbo alla voracità della gola nostra insatiabile. Et la carestia non doueua dar loro molto fastidio. ma se vn'altra terra hauesse voluto andare a prender quella altra?

BB

Sa. A farne che, prima non v'era arme da offendere o da diffendere: & poi che l'haueße presa che n'haueua a fare, se voleua fare che alcuni lauorassino, & gli altri si stessino pochi haueßino assai, & gli assai poco: non so che rileuaua a colui questo, per che non v'eran le pompe, non le foggie, non le giostre, non le prodezze de Caualieri erranti, et non il donare a questo ouero quell'altro, & poi chi si sarebbe moßo a far questo, con che caldo. a che fine.

Pa. La mi pare cotesta stanza, vn viuer da bestie in certe cose, & in certe altre da mezzi huomini, & mezzi cauali, & altre tutte da huomini. ma chi foße stato pazzo, cio è entrato in quei furori, da rouinare, stratiare, rompere, & gettar via ogni cosa.

Sa. Non bisogna che tu penetri tanto inazi, perche le cagioni del diuentar matto sono infinite, che noi altri habbiamo; onde leuate via le occasioni, ci sarebbe pochi pazzi, o noi saremmo tutti pazzi a vn modo.

Pa. Come dir la roba, il vestire, il gioco, lo inganno, il dolore della perdita d'vna cosa, & altre infinite tresche.

Sa. Simil cose.

Pa. L'andare a cauallo.

Sa. Et doue, a tor che, a riportar che cosa, a far che, a romperßi il collo. I caualli portauano la soma, i muli, et gli asini, et coloro che portauano a questa villa le cose bisognose loro, riportauano alla città dell'altre per sostentamento di quella.

Pa. Chi haueua cura a questo?

Sa. Vn'huomo che habitaua alla porta della città con dieci huomini, che nõ attendeuano ad altro che far prouedere per la sua strada.

Pa. Chi si foße dilettato di dar fuoco a vna casa, o a vna villa per veder quel bel fuoco: o di dar la volta a vn cauallo carico giu per vna balza per vederlo rotolare all'ingiu, che sarebbe egli stato.

Sa. Quei dieci huomini, lo faceuano andare dal principale della terra, et egli gli daua vna presa di Manna fatta d'Arsenico, et lo

Pa. *Se fosse stato di gran forza costui?*
Sa. *Son baie, non si puo resistere a tanti, ne difenderfi da le migliaia de popoli.*
Pa. *Vno che si fosse dilettato di Musica, che faceua, eranui Musici.*
Sa. *S'intende; il di che si riposauano, si faceuano nel Tempio di cento sorte Musiche, et per essere esperimentati et exercitati, non si poteua vdire le piu mirabil cose; perche non attendeuano ad altro, et ogni sera tutti si faceuano sentire nel Tempio. Talmente che ogni persona godeua della fatica, della virtù, dell'arte fra l'uno et l'altro, et come si dice l'una mano lauaua l'altra.*
Pa. *Pittori & Scultori erauene?*
Sa. *Messer si.*
Pa. *O quando haueuano dipinto tutta la terra che exercitio era il loro.*
Sa. *Il tempo guasta, et secondo che veniuano valenti, cancellauano le piu brutte, et faceuano delle piu belle cose, Historie, et fantasie.*
Pa. *Questo mondo de Pazzi o de Saui che tu voglia dire, che tu uedesti, bisognaua farlo quando non si sapeua nulla, che quegli huomini erano grossi come macheroni, & non erano state, le Dee, gli Dei, le Nimphe, i Pastori, le Fate, le Feste, le Fauole, & i Poeti in mal'hora che hanno trouato piu Idre, piu Numi, piu Genij, ombre, & bugie che non sono le nouelle de gli Strolaghi. Eranui Poeti?*
Sa. *Si, ma bisognaua che menassino le mani a far altro che versi anchora, come sarebbe a dire pescare, uccellare, cacciare, far reti, & altri mestieri da poter cantare versi: che non ui andasse troppa manifattura di sudore.*
Pa. *Tirar la carretta sarebbe stato il loro meglio, perche l'hauere vn'arte si disperata alle mani gli haurebbe fatti far versi bestiali.*
Sa. *Eglino la tirano pur troppo in questo mondo senza dar loro altro tormento.*

Pa. *Quando vn moriua.*
Sa. *Allo spedale, et ti faceuano come si fa hora ne gli spedali fra noi,*

BB ij

mettilo là senza troppi funus, et senza menarlo atorno a procis=
sione, a farlo vedere vestito d'oro o di seta, ma come vn pezzo
di carnaccia, (non piu huomo, cadauero, et non cosa da qualche
cosa) si metteua la in terra a rendere alla terra quello che gli ha=
ueua consumato tanto tempo della terra : et come cosa ordinaria
si stimaua, come accidente naturale.

Pa. Vedi che quando vn moriua non ci andaua tanti Testamenti, che fanno litigare tutta la vita d'un'huomo, vedi che non haueua paura il padre che'l figliuolo mandasse à male la roba, ne che si morisse di fame: pur si leuò via, tanti de= positi, casse, ossi, breui, bandiere, arme, libri, torce spente, stendardi, nouel= le, fummi, & boria di non nulla. Guarda che gli hauessino a lasciar che la moglie fosse donna & madonna, ò che la non si rimaritasse, che importa a co= lui che la si rimariti o nò, ha egli forse a tornare per essa, & non la possi me= nar via, per esser rimaritata vn'altra volta, ò che baie; piacemi questa co= sa, ò la mi piace.

Sa. A tutti i pazzi, piaceno le cose da pazzi.

Pa. Per la mia fede, che anchora l'hauere vn che muore il capo a tante girelle, a tante tresche, hauendo ad andare nell'inuisibilio del mai piu riuedere il mondo: è vna cosa da pazzi publici. Lasciare andar la roba doue la và a benificio di natura, la s'ha vn tratto da godere, vn'huomo l'ha d'hauere, tutti sono fat= ture di Dio. O quello la manda male; anzi la dispensa a molti, & quello che era d'un solo, lo mette in comune. Il tale haueua vn cassone di ducati & gli ha spesi in vn'anno; se gli hauesse spesi anchora in vn mese, che importaua, e s'haueuano da spendere a ogni modo. Ma in cotesto paese, non vi accadeua i fallimenti de mercanti, che è vna stretta da vscio, vna mala faccenda vn mal bucato, & auiene spesso a nostri giorni.

Sa. Questa importa de fallimenti.

Pa. Non il falsar le robe & le monete, non l'ingannare, dando vna cosa per un'al= tra, con giuri & spergiuri, & sopra tutto gli spauenti della morte andauano in oblio, & si viueua senza quei pensieri; le robe di coloro che moriuano, chi hereditaua?

Sa. Che roba non haueua altro che quello che haueua indosso, & in casa un letto da dormire, forse che v'erano l'arazzerie, l'argen terie, la vanità, la superfluità, & che colui morendo s'hauesse a dolere di quel che egli lasciaua.

Pa. Anchor questa è vna bella cosa, & l'huomo si troua fuori d'un gran trauaglio, ma dimmi, come facesti tu a sognar tante cose?

Sa. E mi pareua essere vn di coloro, & vi stetti vn tempo parue a me.

Pa. Chi eri tu, o che faceui.

Sa. Fui vn di quei del tempio.

Pa. Tu doueui hauer poca faccenda.

Sa. Ogni mattina mi conueniua amaestrar la mia contrada, & insegnare.

Pa. Che accadeua insegnare, l'vso era buon maestro.

Sa. Insegnauo a conoscere Dio, & ringratiarlo di tanto dono, et che s'amassino l'uno l'altro.

Pa. Fa punto, fa pausa, che questa è stata la migliore che tu habbi detta, conoscere Dio, ringratiarlo, & amare il prossimo. & per hora di cotesto tuo sogno non ne voglio piu; Io ho inteso in che forma era la Citta, & la principal parte del reggimento di se medesimo: vn'altra volta dirai tutto il restante.

Sa. Sì se mi verrà bene, pure anch'io sono stracco. a Dio.

Pa. Non hauer per male che io mozzi il tuo ragionamento, come si dice fra le due terre, perche i pazzi non son tenuti a fare se non quanto porta il ceruello, & la lor bizzaria.

MOMO, ET GIOVE.
PAZZO, ET SAVIO.

VERAMENTE ciascuno haurà che dire vn pezzo, hor pensando chi noi siamo, hora credendo di saperlo, pensa se la sono per indouinar mai; chi crederebbe che Gioue fossi mai venuto in terra, & preso forma humana, & habito di Pellegrino, mai sarà creduto se si saprà, & pur è uero: & se egli si crederà, sapendosi, bisognerà crederlo in un certo modo che pare impossibile a crederlo, sapendo di saperlo certo.

Gio. Molti huomini Saui lo crederanno, non meno che s'habbino creduto i Pazzi infinite pazze cose. Chi non haurebbe creduto che nella figura fatta per Cicerone in Delpho non ui fosse stato dentro qualche spirito, poi che il giorno medesimo che morì in Siracusa la Statua caddè da se stessa.

Mo. Vogliamo noi dire che ci sia assai che credino questo sogno esser vero, cio è che sia quella Città con tali ordini.

Gio. Perche non vuoi tu che lo credino, sapendo certo che l'Huomo non si puo imaginar cosa che non sia stata, o non habbi da essere.

Mo. Questa cosa poi che la dice Gioue non gli fo replica, ma se la dicesse vn'altro risponderei di nò. In tanto di quanto tu vuoi che sarà sogno, & da tutti tenuto Pazzo colui che affermerà per uero simil cose.

Gio. La Statua di Diana Pellenea fu fatta d'vna certa materia che si fanno gli specchi, & dentro era vota, & era acconcia con quella mestura che s'acconciano le Bambole Todesche, ne mai era cauata fuori se non alla faccia del Sole, onde chi vi riguardaua dentro, s'abagliaua la vista, & i popoli credeuano che la fosse qualche cosa celeste; onde faceua paura a tutti.

Mo. A chi non haurebbe ella fatto paura non sapendo che materia fosse quella, & gli huomini anchora non erano molto molto sottili come sono hoggi. La Statua della Fortuna posta nella via Latina poco fuori di Roma, non parlò ella due volte? & quando Cartagine andò abrodetto, non lasciò vn soldato a taccate le mani alla figura d'Apolline, perche gli voleua torre una vesta d'oro che haueua indosso.

Gio. Che ti parue Momo della statua d'Apolline posta nella Città di Hierapoli, che volendo dir alcuna cosa si scoteua nella Sedia, & i Sacerdoti vedendola dimenare la leuauano di peso sù le loro spalle, & se non la leuauano cosi tosto, la si sbatteua piu forte & sudaua. & quando era leuata gli spingeua ad andare a torno, & saltaua da l'vn a l'altro, che vuoi tu piu bel mondo de pazzi di quello che era a quei tempi.

Mo. Questa mi credo io che fosse la cagione, o queste simil cose; di far credere a Mercurio che tali Statue fossero corpi di Dei fatti da gli huomini. Ma ecco qua i nostri Academici a i quali

SAVIO.   100

noi habbiamo fatto visibilmente in sogno vedere il sauio mondo, e fanno vn gran ragionamento, noi facendoci inuisibili gli ascolteremo vn pezzo.

io.   Sarà ben fatto per intender l'opinion loro.

Sa. Se queste cose son possibili a essere, perche non potrebbono elleno esser vere: non habbiamo noi delle cose, che non son possibili a essere, che le crediamo vere, et per esperienza le aprouiamo verissime. Il sogno mi parue tanto bello, piaceuole, et chiaro, che io credo che l'anima mia vi fosse da vero, et che la si separasse da questo corpo.

a. Che vuoi tu imitare Hermodoro Claxomenio, che costor che scriuono, dicano, che la sua anima vsciua del corpo di giorno, & di notte: & se n'andaua a sparuieri per molti luoghi; & quando la tornaua, diceua cose grande, fatti, atti, & gesti di paesi lontani; tal che la moglie non vi essendo dentro l'anima vna volta, lo diede in mano de nimici suoi, i quali l'abruciarono. A creder questa cosa, si terrebbe vn ramo del mio nome.

Sa. Ci son pur grandi sperienze di cose impossibili (di pure a tuo modo, o credi) che i nostri Antichi hanno prouate. Non fabricauano eglino le Statue secondo gli aspetti de Pianeti, cioè quando entrauano ne i segni Celesti. Poi ne faceuano anchora per via d'arte magica, trouando vna certa corrispondenza che era tra le cose manifeste e le secrete, da le basse alle alte.

a. Tu entri in vn gran pelago, se tu non sai notare a panieruzzola tu andrai al fondo.

Sa. Quella Statua nera di Mennone douette esser fatta, con punti costellationi, et aspetti, dapoi che la sua maestà di pietra d'Etiopia morta; salutaua come la fosse di bianca carne viua, ogni mattina l'Aurora quando la si leuaua, et mostraua con la voce grande allegrezza, per questo suo aparire; et quando il dì se n'andaua pareua che dolentemente la si lamentasse, et Echo gli rispondeua alle sue note.

Pa. Vedi bene, che il Re Cambise conoscendo la stoltitia de gli huomini che la fece spezzare insino al mezzo.

Sa. Vedi bene, et vedi meglio, et vedrai ch'io dico il vero; che così troncata la mandaua nel medesimo tempo fuori vn certo suono scordato et sordo.

Pa. Cose tutte da Demoni, & da pazzi: proprio da fare vn mondo di pazzi.

Sa. Già che non erano altri che Demoni quei che faceuano simil proue, i nostri Antichi gli chiamarono Iddij, altri Demoni, et huomini, poi vn'altro sauio ci aggiunse gli Heroi, credendo che que gli huomini, i quali furono al Tempo di Saturno in quell'età d'Oro, che dopo la morte, per ordine di messer Gioue, e fossero trasformati in Demoni buoni terreni, i quali fussino a guardia de gli huomini, et così se ne vadino circondati d'aere per tutto, ponendo cura a tutte le opere buone et cattiue, et più dicano, che danno delle ricchezze a noi altri.

Pa. Le son ben cose dotte & ingegnose, ma le son cose da pazzi, io dubito che bisognerà legarti, & non farà sogno.

Sa. Pazzo ecco qua i Pellegrini che io sognai, o che belli huomini, o che corpi mirabili, e mi rallegrano tutto.

Pa. Et me fanno stupire.

Mo. Noi habbiamo da farui intender molte belle cose, Pellegrini honorati; questo è Gioue, & io son Momo.

Gio. Ecco per segno di verità che io mi vi mostro alquanto.

Sa. Oime che splendore, che splendore è questo insopportabile de la tua luce, o quanto siamo felici, poi che a noi è conceduto il veder quello che è lo stupor de Cieli.

Pa. Io sono tutto stupefatto, & non ardisco piu di ragionare.

Gio. Voi parlaui de i sogni per il sogno fatto, ma chi dubita che quando noi Dei ci intrinsichiamo con le cose vostre, tutto non succeda? à confermatione del sogno uostro, & della Città da noi mostrataui ve ne racconterò alcuni. Non chiamai io Annibale

dopo

dopo la distruttione di Sagunto, insognò; che venisse al Concilio de gli Dei, & quando ue lo hebbi condotto gli comandai che facesse guerra all'Italia, & gli diedi del nostro Concilio vna guida : il quale gli pareua che con l'essercito caminasse, & gli comandò che non si douesse riguardare indietro; alla fine stando obediente un pezzo fu tirato dall'apetito della curiosità di riuolgersi alquanto. Onde gli fece vedere una fiera terribile cerchiata tutta d'intorno d'innumerabili serpenti, & venendogli dietro poneua a terra le mura, spianaua le case, sbarbaua gli arbori, & abruciaua le verdi herbette, & Annibale domandando chi fosse questa fiera a colui che io gli diedi per guida; gli fu risposto : la Distruttione della bella ITALIA; che per lui far si doueua.

Mo. Non facesti tu Gioue auertito in sogno il Re Tolomeo primo Signore del regno d'Egitto, che douesse dopo che egli hebbe aggiunto alla nuoua Città d'Alessandria, mura & templi; non gli facesti tu aparire in sogno vn bel giouane, che gli comandò che mandasse in Ponto a far portare vna sì bella Statua?

Gio. Sì feci; perche conosceuo chel suo regno starebbe meglio con essa, e colui che da parte mia gne ne disse lo feci subito salire in Cielo in vna fiama di fuoco; et il Re per il sogno che lo spauentò fece far l'interpetratione a quei suoi Sacerdoti d'Egitto, i quali s'auilupparono un pezzo con dire mille cose, & non l'indouinarono; alla fine per un'huomo che sapeua le cose del mondo assai bene, gli fece intendere come la statua era consacrata a Plutone; così lasciò il Re l'impresa, & io facendolo risognare cose maggiori lo stimulai tanto che mandò per essa, & dopo molto tempo l'hebbe, & accio che egli sapesse che questa cosa, era di gran consideratione, feci che la Statua salì sopra vna Naue come se fosse stato huomo uiuo, & in tre giorni la feci condurre da i venti, di Ponto in Alessandria.

Sa. La tua Omnipotenza è grande, & non è chi ne dubiti: ma perche O magnanimo & Celeste Signore, non lasci tu godere a tutto il nostro collegio vnito la tua presenza.

Gio. Assai vi basta di questo, forse seguendo i virtuosi passi che cominciato hauete Mercurio & io potremmo visitarui, perche di lui piu che di Momo hauete bisogno.

Mo. O Gioue, e sarebbe il meglio che io restassi fra loro, che ritornarmene in Cielo, tanto della lingua mia hanno di bisogno: Costoro sanno lodare gli huomini; i Principi, & i Signori grandi; & loro si sanno lasciar lodare, e se ne fanno beffe de i loro scritti, come quei galanti huomini (saluo le corde del sacco, il manico della Scure) c'hanno la virtù per vitio, & il vitio per virtù. & la metà di loro son villani riuestiti, che poco stimano l'honore, tal si fa dar del Signore per il capo (mercè di alcuni pochi danari) il qual gli starebbe meglio vn famigliaccio per soprascritta, doue è l'Ingratitudine hoggi riposta, con chi dorme ella, quali sono i suoi Bertoni; non mi far dir Gioue, Mercurio sta meglio in Cielo, non mi paresse egli strano lo starci che io ci rimarrei per lauare il capo a certe bestie con altro che con acqua calda.

Gio. Momo senza colera.

Pa. Deh Momo resta con esso noi per alcun tempo, che certo la lingua tua non c'è per giouar manco, che la dottrina.

Sa. Il Mondo dirà che noi habbiamo qualche Demonio fra noi, vdendo ritrouar i vitij secreti d'alcuni, & publicar le infinite tristitie loro.

Pa. A lor posta, non sapete voi ch'el bene viene lodato, & vn'huomo da bene i nimici suoi capitali ne dicano bene, perche merita che ne sia detto bene: et gli scellerati son da gli amici loro vituperati. Resta Momo di gratia.

Mo. Che di tu Gioue?

Gio. Sarà ben fatto, ma non dir poi tanto male che tu passi i termini.

Mo. Farò così; prima ricorrerò a te per aiuto che tu mi fulmini, coloro che sono tuoi nimici, & della virtù.

Gio. Tu vorrai che non mi resti fuoco altrimenti, come tu mi di, di tutti.

Mo. S'io ho a restare, farò questo prima, poi fa tu, se io non sarò aiutato gastigare l'Ingratitudine, io ti prometto di chiarir tutti voi altri, & dirò che tu sei sordo per vdire i buoni, & hai mille orecchie per fodisfare alle grida de cattiui ; Dirotti dormiglione, diluuiator d'Ambrofie, portator di Ganimedi, trapolator di Veneri, et mille villanie se tu nò mi vorrai vdire. So che s'io resto che i Saturni & Marti saranno i mal trouati se non mi odono & che voi siate tutti Dei da pochi, falsi & bugiardi.

Gio. Questi non sono i patti, o Momo.

Mo. Io son contento di restare, et di dir bene di voi altri tutti, ma quando io chiamo rispondetemi.

Gio. Anzi piu ti dò autorità di gastigar tutti coloro che diranno male di noi altri, se fossin ben Poeti.

Mo. La non mi dispace questa licenza, che io ti prometto che se mettono bocca nel Cielo, di fargli morir nelle stinche.

Sa. Eh Momo i nostri Poeti.

Mo. Attendino ad altro che a le cose dal tetto in su non vo che se ne impacci altri che Momo. Gioue ritornatene in Cielo, che spesso tu vdirai da me ciò che si farà nel mondo ; & io ragionerò vn pezzo con questi Academici, & metteren buon sesto a ogni cosa.

SAVIO, ET GIOVE.

CHE ombre sono queste, terrene, acquatice, aeree, o Gioue, che mi spauentano; dapoi che tu m'hai cominciato a solleuar da terra, io non veggo altro che spauroseose ombre, & il mondo m'è sparito dinanzi alla vista.

Gio. Questi sono spiriti impalpabili, et inuisibili a gli huomini, et sono infiniti et diuersi, i quali operano diuersi effetti.

Sa. Haurei caro di saperne alcuna cosa.

Gio. Altri che noi Dei non te n'haurebbe dato cognitione. Hai tu a mente gli Organi et quante cose bisogna fare inanzi che si oda la voce che esce di quelle canne ; o se tu l'hauessi considerato, ritrouereresti il bel exempio da conoscere l'anima. Prima gli va lo spirito de l'Artefice che è maestro di far tutta quella machina, *poi gli va lo spirito di colui che suona, il qual non puo far nulla, se lo spirito del musico non gli ha composto il canto, et vi si aggiunge vno spirito di voce, che esprime le parole, le quali ha fatte vn'altro spirito; et vi s'accompagna vn'altro huomo che da aere, mediante il quale lo strumento dell'Organo suona. Vedi quante cose, et quanti spiriti s'uniscono insieme a partorire vn'armonia. Subito che gli spiriti et anima d'uno due, et cento altri huomini sente l'armonia non si ferma, non si rallegra, non piglia egli vn gran diletto.*

Sa. *Si certamente.*

Gio. *L'anima d'un'huomo è l'Armonia, & tutti gli altri spiriti sono stromenti, a fare che l'anima sia vdita & intesa. Quando vno amalato piglia vna medicina, non ci va egli la scienza dello spirito del medico, lo spirito di coloro che scrissero della medicina, lo spirito dello spetiale a comporla, & lo spirito dell'amalato a creder che la gli dia la sanità, & nella medicina sono infiniti spiriti dell'herbe: onde vnita questa potione, s'incorpora con i nostri spiriti, & opera; fa moto & caccia i cattiui spiriti, & rimette i buoni.*

Sa. *Non intendo anchora l'esito della cosa.*

Gio. *Non si vede egli vn'amalato votarsi tutte le carni, & rimanere la pelle & l'ossa? & in otto, & quindici giorni non mangiar cosa che lo potesse mantenere per tanto tempo? doue va quel ripieno di carne? tutti sono spiriti, che entrati ne i vostri corpi si vestono d'Elementi; & quando gli spiriti de gli Elementi non sono vniti, fanno il corpo infermo, perche se ne fugge hora vno, & hora vn'altro: onde venendo gli spiriti della medicina, che ve n'è dentro de caldi per il fuoco, de gli humidi per l'acqua, de sodi per la terra, & de gli aerei anchora, scacciano quegli as=*

fatto che seco non si vogliono vnire, et reggono d'accordo quel corpo, et dal discordare della mal composta medicina dell'ignorante medico, nasce la morte dell'huomo spesse volte, come colui, che non sa la natura de gli spiriti dell'herbe, la natura de gli spiriti cattiui dell'amalato, et de i suoi che sono ignorantissimi a fare tale exercitio. Però dicono molti che'l medico vorrebbe esser sano lui, et viuer senza mai hauer male alcuno, perche gli spiriti suoi essendo perfetti conoscano la perfettione di cio che bisogna per guarire gli spiriti discordati ne i corpi. Il bello aspetto et la bella fattione d'un corpo fa fede, che dentro vi sono gli spiriti piu perfetti, si come in vn medico sparuto et mal fatto huomo, sono mal composti; onde non è da marauigliarsi se tal volta gli Huomini fuggano si fatta sorte di medici, perche gli spiriti dell'amalato non sono d'accordo con quegli del medico. Et la fede che ha l'amalato nel medico bene spesso (anzi quasi sempre) lo libera dal male, et questo auiene, perche gli spiriti dell'amalato sono d'accordo con quelli del medico.

Sa. Hora dico io bene, che coloro che dissero, che ogni cosa era detta, non seppero il tutto, perche mai vdirono vn si fatto discorso; ma non è da marauigliarsi che parla Gioue.

Gio. S'uno organo similmente è scordato, et tutto il resto sia perfetto, l'Armonia non val nulla, et se ogni cosa è buono, et il sonator cattiuo, l'Armonia non è da niente; se la musica è compositione goffa, l'Armonia non ti contenta, et se le parole che si cantano sopra sono brutte, l'Armonia viene offesa. Ma quando tutte insieme vnite s'accordano, fanno l'Armonia mirabile. Il corpo dell'huomo spogliato da tutti i vitij, et vestito di virtù, fa vn' anima Celeste, et quando ha le virtù tutte, et vi regna vn sol vitio, o d'auaritia, o d'ingratitudine, o di carnalità, o altri, l'anima non puo mostrare il suo perfetto stato. Questi sono gli spiriti che occupano i corpi d'Elementi composti, questi spiriti fanno tutti qualche offitio; Alcuni fanno correr l'acque, spicciar le vene di quelle, scaturirle fuori da questo, et da quell'altro luogo. Altri gli son contrarij, seccano le vene, et fanno sterili le fontane; si come sono gli huomini l'uno con l'altro, che vno ama vna cosa, et l'altro l'ha in odio.

Sa. O gran secreti intendo hoggi da te Gioue Omnipotente, & te ne rendo gratie infinite.

Gio. Questi spiriti hanno fatto fauellar le Statue, questi combattendo insieme perche sono elementari, generano le tempeste, le pioggie, confondono i venti, seccano le piante, danno la vita all'herbe, le fanno morire, questi sono ministri de sogni e delle lasciuie, et altri atti et fatti de gli huomini, et accioche tu intenda meglio, io ti farò vna distintione, come hanno fatto tutti i dotti del mondo, ma non sono passati tanto inanzi come ti ho detto.

Sa. Questo mi sarà d'un gran piacere & d'un sommo diletto, hora ascolta attentamente.

Gio. I vostri sapienti hanno scritto, che sono generalmente sei fatte di Demoni: ch'io chiamo spiriti. Et questi sono quegli che tu vedi, che molti di loro dimorano in acqua, altri sotto terra son diuersi di corpo, di forma, et di natura, perche ce ne sono aerei, ombrosi, sterili, fecondi, & cosi come tu vedi sono del continuo intorno a noi. Costoro gli hanno adunque in sei parte spartiti. I primi si chiamano infocati; & questi uanno come tu vedi nel supremo & piu alto aere. I secondi sono detti d'Aria. Eccogli qui intorno di noi; La terza schiera sono Terreni spiriti, che quasi sempre circuiscano quella; La quarta razza son Marini, spiriti Acquatici, vsano intorno a i laghi, a i bagni, per i fiumi, & spesso fanno affondar Naui, affogar huomini; La quinta lega sono Sotterranei, & nelle uiscere della terra dimorano, spauentan coloro delle minere, delle cauerne scure, et fanno arricciare i capelli a chi entra in quei bui profondi, questi spiriti fanno aprir la terra; questi la scuotano et suscitano i uenti infocati. Gli vltimi son quegli che tu uedi che si ficcano nella terra, et se ne uanno al centro, che fuggono et hanno in odio la luce, come nimici del Cielo nostro, et tenebrosi in tutto et per tutto; son contrari a buoni huomini; ma peggior l'uno che l'altro; son questi infiniti spiriti che tu uedi. Quegli che stpno in acqua, e sotto terra nuocano con molti malefici, molestano gli huomini di varie infirmità; tolgano loro la buona mente, et gli affogano spesso, con rouinàr loro la cauata caua, adosso: Quei di terra aiutano la ferocità delle fiere ad offenderci, et amazzarci; Gli altri uestiti d'aere con varie inuentioni trapolano gli huomini, tirandogli alle dishoneste imprese mostrando vna cosa per un'altra.

Sa. Questi spiriti adunque conuersano ascostamente con noi? O Gioue come è possibile che gli huomini habbino tanta cognitione di poter conoscer si occulti inganni. quando ho veduto ombre, che ho hauuto spauenti, che io mi son riscosso, & sogni paurosi, comprendo hora da che accidente e son venuti.

Gio. Taluolta questi spiriti sono inamorati di voi, & quando u'amate l'uno l'altro, procede che s'amano loro. Però s'usa dire fra voi, se sarà dato disopra la sarà così. de parentadi de mogliazzi &c. mandano nella nostra memoria i ricordi de passati piaceri, et ue ne fanno imaginare per l'auenire, toccandoui le membra, et mandando a effetto i loro apetiti lasciui.

Sa. Ho caro d'vdir qualche cosa di questo amore.

Gio. Gli spiriti d'uno taluolta fanno giudicare quel che puo accadere per accidente d'amore, et quando uno capita male per conto d'Amore; è che quegli spiriti si sono adirati l'uno con l'altro. Io uo dire un bel accidente. Seleuco che per Amore diede la sua Donna al Figliastro, prima che facesse questa cosa, causata da gli spiriti; La sua Stratonica sognò che Giunone gli comandaua che l'edificasse un tempio in Gerapoli Città, et se la non lo farebbe, che se ne pentirebbe. Lei che poco si curò del sogno non fece altro, onde cadè in una infirmità, et la Dea di nuouo aparendogli la liberò con patto che la douesse far questo Tempio. Il marito gli diede danari assai per questa fabrica, et perche gli conueniua mandarla là, et separarla da se gli uenne in fantasia di mandarui vn suo fidato giouane; et chiamatolo a se gli disse. Io t'ho conosciuto sempre mio fedele amico, però t'ho eletto ad accompagnare la mia Donna. Subito gli spiriti di questo Giouane s'imaginarono quel male che poteua auenire; Onde dimandò di gratia che eleggesse vn'altro; il Re non uolse a consentire; tanto che fu forzato ad andarui; in questo pregò costui il Re che gli desse tempo otto o dieci dì, per acomodarsi; et gli fu conceduto. Andò costui et dopò un lungo lamento de suoi spiriti, et si priuò d'essere huomo, et in un uaso con mirabil licore, serrò et suggellò le tagliate membra. Et guarito portò al Re il uaso, et gli disse come il maggiore thesoro, et a lui piu caro teneua in questo uaso & lo pregaua che lo douesse insino al suo ritorno conseruare, percioche ad altri non l'haurebbe fidato che alla sua Corona il Re con suggelli suoi lo fece custodire, & cosi la Regina & il fidato Signore n'andarono alla edificatione del Tempio, & perche lo spatio del tempo fu grande & la dimestichezza continua : la Donna s'accese d'Amore di quel Giouane, & non potendo tollerare sì ardenti fiamme dopo molti accidenti, vna volta oppressa dal vino, gli chiese quel che la voleua. Il Giouane riprendendola & ricusandola sempre stette saldo: alla fine la pose mano a i minacci, et non potendo piu occultarsi gli disse il tutto, & mostrò. Ella

quietandosi

quietandosi, godeua della presenza del ragionare, & altri atti honesti in quel modo che fossi possibile. Furon significate queste intrinsichezze per lettere al Re, il quale sdegnato richiamò a se il Giouane, & perche gli spiriti cattiui haueuano operato malignità; ui furon testimoni che dissero hauergli carnalmente veduti vsare insieme, cosi tratto di carcere fu condannato dal Re, alla morte. Il Giouane che i suoi spiriti antiueduto haueuano questo accidente crudele; disse che era inocente di tal cosa, ma che il Re per hauere il suo thesoro, et per rubarlo lo faceua morire, il qual thesoro già gli haueua dato in serbanza. Il Re vdito farsi questo carico, fece portarsi il vaso, et disuggellatolo presente molti Signori, & il Giouane, ui trouò dentro l'inocentia del suo fidel seruo, & a vn tempo se gli scoperse, e gli mostrò che egli haueua antiueduta la malignità de gli spiriti cattiui. Quando il Re vide questo si cordiale amico, gastigò gli accusatori, & premiò l'accusato.

Sa. Grande accidente d'amore, fu veramente & gli spiriti del giouane molto buoni & accorti, & gli altri scellerati & iniqui, i quali debbono esser quegli che fanno aparire in aere battaglie, mostri, & che fanno piouer sangue, carne, latte, & altre strane cose.

Gio. Cosi è, ma ce ne sono anchora de gentili & de piaceuoli, che si inamorano & seruono gli huomini, & le donne; & quando questi spiriti de gli inamorati si ritrouano insieme, si rallegrano. Però molte volte l'amata, tocca da vn certo spirito, si lieua & guarda dalla finestra, & subito vede l'amante, cosi l'amante passando per la strada, vede aparir l'inamorata sua al balcone: vno amico imaginandosi l'altro, spesso gli viene inanzi: questo non vien da altro che da gli spiriti che s'amano, & poco lontano scontrandosi, & rallegrandosi vengano a muouere gli spiriti che sono in questo corpo legati; cosi succede quella indiuinatione della cosa

DD

bene speßo. Ma eccoci saliti preßo al primo cerchio della Luna però attenderemo al viaggio, & vn'altra volta ti dirò molte altre belle cose, & mostrerò perche cagione l'huomo ha paura dell'altro huomo, perche diuien roßo, palido, tremante, che non sa tal volta parlare, che gli smarrisce quel che voleua dire: perche si porta odio a certe persone, anchora che le non ti habbino offeso, perche si perdona di propria volontà al nimico, saperai anchor la cagione perche l'huomo senza causa alcuna si mette in fuga, & ha paura di ciascuno, perche tali facendo del male sono piu arditi; & altri bellißimi secreti, che altri che Gioue non te gli puo mostrare.

Sa. Sia fatto come ti piace, andiamo.

L'ACADEMIA

PEREGRINA
E I MONDI SOPRA LE MEDAGLIE
DEL DONI.

DEDICATA ALLO ILLVSTRISS. ET ECCELL. S.
IL SIGNOR PIETRO STROZZI.

IN VINEGIA NELL'ACADEMIA P.
MDLII.

PASSA LA NAVE MIA
COLMA D'OBLIO,

PER ASPRO MARE
ALLA TEMPESTA E' AL VENTO.

IL TARDO ACADEMICO,
PELLEGRINO AI LETTORI.

OGNI sauio nocchieri che vuol regger ben la naue sua, si pone nel fine di quella gouernando il timone con ogni diligenza, si per fuggire i pericoli, come per guidarla per buona via. Il vero sapiente che desidera menar la vita sua peregrinando in questo mondo a buon termine; s'immagina il suo fine, per dirizzare tutto il resto del viuere che gli auanza al porto di salute. Disse bene il satio, se tanta diligenza si pone in gouernar vna naue che habbi da passare vn cattiuo luogo d'un golfo; quanto maggiormente si debbe la nostra vita custodire per questo irato pelago delle miserie. Questo libro non è altro che vna naue laqual solca l'acque del mare delle lingue, onde non si tosto il mio volume entrerà in questo camino; che il vento della malignità comincierà a sbattere il mio legno. Fia circondata poi la nuoua opera dalle innumerabili onde dell'ignoranza, tal che non mancherà mai trauaglio in questa nauigatione, che per nuouo & inusitato camino s'è indirizzata. La scurità poi della tenebrosa notte, so che non è per mancare in affaticarsi con qualche nube carica di pioggia, di tuoni, di tempesta, & di saette; per farmi abandonare il timone, accioche errando il mio legno a benefitio di fortuna, percuoti in qualche scoglio, onde non possi arriuare in porto, & esser riconosciuta la fatica mia, & le merci mie apretiate. Ma io conosciuto questo mare del mondo si profondo d'ingratitudine, ho spiegata la vela sotto il nome di colui che comanda a i venti,

& ho preso lui per nocchieri, che disse già non vogliate temere, io son con voi. Et il timone di questo mio legno, che lo dirizzerà in buon porto, sarà la fede mia, laquale finalmente s'è nell'ultimo luogo posata, & ha riguardato Iddio Massimo, all'honore della Maestà delquale, si fabrica il presente Mondo. Ma debbo io darmi a credere di passare con prospero viaggio, questo secolo vitioso? O colui che fauello sempre verità, fu caluniato; & che era perfettione, fu chiamato con parole imperfettissime. Pensa adunque quello che auerrà a me, che sono imperfetto, & l'opera mia con molte menzogne ho adornata. Sieno adunque i passati ragionamenti mondani posti in oblio, Il primo che è quello che ragiona dell'huomo, huomo che altro non è, che fango, loto, peccato, feccia, iniquità, otio, pigritia, puzzo, & fummo. Il secondo discorso del mondo, che altro se gli puo dire, se non che gli habbi parlato d'una spelonca da ladri, d'un laccio ascoso, d'un veneno coperto, d'un tradimento palese, & d'una tenebrosa cauerna piena piena piena di miserie. Nel terzo già non ho io detto altro, che fintioni Poetiche, immaginationi astratte, cose impertinenti, & disutili, chi non haurà ardire di riprendermi? ciascuno certo, & di far meglio ogn'uno si puo vantare, conciosia che io so manco di tutti, & tutti particolarmente piu sanno che non so io. Et scendendo al Misto non sono per legger altro che mescolamenti di miserie, confusioni di trauagli, & combustioni d'ignoranza : onde per colmar d'amiratione l'intelletto peruerranno al Risibil Mondo, veramente da piangere, non da ridere di tanti vani pensieri di questo nostro humano sapere; i nostri fatti son tutti da vna leggier volontà, & cieca cognitione guidati, talmente che ciascuno sarà forzato di specchiarsi nel grado suo, et vi vedrà dentro ombre, chimere, et fauole di poca consideratione. Così da questo cadrà nel Pazzo creder de gli stolti lambiccamenti di molti che si sono chiamati sapienti; et scorrendo molte fantastiche opinioni, potrebbe veramente cader nel laccio della sciocca credenza de mortali, se l'aiuto della lettione del vero Mondo Massimo, Dio Onnipotente, non lo cauasse di tante tenebri, non gli rendesse il lume, et non gli porgessi la mano della sua CARITÀ, laquale è quella che vnisce l'anima nostra al suo figliolo CHRISTO GIESV', vera sapienza et vera perfettione. Questo ha da esser solamente il nostro camino, non piu per fauole poetiche, o fintioni vscite del sapere humano, ma seguitare la via, la verità, et la vita; fuggendo i sentieri torti, la bugia, et la morte. Iddio adunque per sua pietà scorga dal cielo la trauagliata naue del nostro viuere infelice, in questo mare di miserie, et come buon Nocchieri guidi il timone, che non percotiamo nello scoglio del Principe delle tenebre, et spiri tanto dell'aura del suo santo spirito, che egli drizzi a buon porto la trauagliata vela.

CHE LA COLPA

FRANCESCO ALVNNO

È PVR MIA;
CHE PIV PER TEMPO,

DOVEA APRIR GLI OCCHI,

ET NON TARDAR
AL FINE.

MONDO MASSIMO
DELL'ACADEMIA PEREGRINA.

DEDICATO AL GRAN MARCHESE DELLA TERZA,
SIGNOR ILLVSTRISSIMO.

MENTRE ch'io rimiro tutte l'Vniuerſità di queſto Mondo, mi ſi rappreſenta il Gran Tabernacolo di MOISE, nel qual ſi può comprendere quanto gran Miſterio egli haueſſe dentro, & poi che ſi puo appropriare all'Eſſempio del Mondo, che fu cauato dal Diuino modello; Comandò Iddio Maſſimo a Moiſe in che modo egli uoleua il ſuo tabernacolo. Onde fu diſtinto in queſto modo. Haueua il Tabernacolo (per dir coſì) di Moiſe due porte vna chiamata Santa ſantorum, che

EE ii

era dalla parte d'Occidente ; & l'altra era detta Santa, che rispondeua all'Oriente. Inanzi al Tabernacolo era un certo spatio attorno coperto, et in mezo scoperto, chiamato ATRIO, fra il quale & il Tabernacolo era un velo di quattro colori uariati, & da i lati coperto di Cortine, & acerchiato, & haueua il Diuino Tabernacolo tre coperte per tutto. La parte adunque del Santa Santorum significaua l'altezza dello stato della spiritual sustanza ; l'altra parte il corporal mondo. I uariati quattro colori del velo, si puo dire, che uoglino significare i quattro elementi, & par bene che gli Elementi di questo nostro corpo, sieno vn velo che ci impedisca la vista del Diuino Omnipotente Signore che habita nel Tabernacolo del Cielo, et non ci è lecito in questa mondana spoglia entrar nel luogo Santo, piu di tutti gli altri luoghi santissimo, che si puo dir che sia la Celeste habitatione. Vna uolta l'anno entraua il sacerdote nel tabernacolo, & l'anima nostra (se la sarà vnta dal magno Iddio, & accettata) solamente al fine dell'anno, cio è al fine del corso della uita eterna, salita al Monte Tabor, nel tabernacolo della morte di GIESV CHRISTO; che gli darà eterna vita. Le Cortine che rinuoltauano il tabernacolo erano di colori diuersi, & le stelle che circondano tanta diuinità son variate anchora. Sopra il tabernacolo per tetto erano tre coperte di pelli; denotauano l'acque per il primo tetto : & le acque che sono sopra i Cieli lodino il Signore, che Agustino interpetrò per gli Angeli) il Cielo Empireo ci fa chiari della seconda, & della terza copritura la Diuinità della Santà Trinità. O che bell'Arca detta del patto, o del testamento era nell'entrar del tabernacolo, la qual serbaua tre cose dentro; il vaso d'oro pien di manna; la Bacchetta, o lo scetro d'Aron, & le Tauole della legge di Dio. O mirabil Cielo, Arca che conſerui tanto gran miſterio, la vita noſtra, che è CHRISTO per la manna, che ci da il vitto ogni giorno: La Giuſtitia ſenza, la quale non ſi potrebbe habitare il mondo; et tu Signore che ne Cieli ſtai non ſe tu ſomma giuſtitia & Bontà? le due tauole, m'apariſcano il Nuouo, & Vecchio teſtamento. La pietra doue è ſtata ſcritta la legge non è ſtato GIESV, quella è ſtata la pietra doue ſe ſono adempiute le profetie, & verificato il patto, il teſtamento: che s'è vnito con il nuouo onde queſte due tauole, della Diuinità & Humanità di Chriſto ci hanno dato la legge, l'Euangelio, con il quale caminiamo alla eterna patria. L'Arca di queſto noſtro corpo, formato per mano di DIO; ha in ſe la manna de l'Amore, del conſeruar la generatione humana, la verga del reggimento giuſto, & la legge de buoni amaeſtramenti, ſcritti in due TAVOLE, nella memoria, & nella volontà. Staua l'Arca fra due Cherubini, i quali ſi riguardauano in viſo l'un l'altro. O come bene, s'è la Diuinità, & l'humanità vnita in viſta, & ha retto ſu l'ali della vita & della morte: la Tauola della Croce, per torci la morte, & darci la vita eterna, queſta Tauola che teneuano i Cherubini, è detta il ſeggio di DIO, ben vi ſedette ſopra veramente Iddio, ben Chriſto Crocifiſſo per ſalute noſtra, vi ſiede ſopra. O altezza delle ricchezze della ſapienza, & intelligenza di Dio, quanto ſon grandi i tuoi miſterii. Nello ſpatioſo luogo che era inanzi al Tabernacolo, ſtauano i popoli che portauano a ſacrificare aſcoltando le prece de i ſacerdoti, che fuſſino lor propitie. In queſto ampio Atrio del Mondo, noi attendiamo alle preci del ſommo Sacerdote, che ha fatto ſacrifitio di ſe medeſimo, & offerto il ſuo corpo, & il ſangue, che è ſtato di piu efficacia, che nõ fu quello de Vitelli; & preghiamo che i prieghi suoi ci sieno in salute, & propitij all'anima nostra. Sopra l'Arca del nostro corpo ha da star la Tauola, cioè la Croce che sopra il capo dobbiamo portare, & in quel Signore, che per se fabricò questa Arca nostra, & togliendo la Croce sua ciascun di noi, lo dobbiamo seguitare. Il Mondo tutto è vn'Arca, che tien per le Tauole della legge, la sapienza humana, & Diuina; perche la bacchetta il gouerno della potestà signorile, & la vita, perche noi viuiamo per la Manna. Ogni potestà è data da Dio, & questa hanno i nostri Signori, per la virga. La Dottrina vien dal Cielo, che noi habbiamo. Ogni dono perfetto (che è la sapienza) deriua dal Lume maggior di tutti i lumi, per le Tauole: & la dolcezza della Manna, disopra dipende, perche il viuer nostro procede dall'Eterna Bontà. Fuori del Tabernacolo v'erà tre cose, che stauano dirimpetto all'Arca; L'Altare, la Mensa della propositione con dodici pani, & il Candellieri luminoso. Christo ci mostra se in questo secolo, che è stato la luce vera, i dodici pani de gli Apostoli Santi, & l'Altare, il sacro Testo dell'Euangelio. Quanto è ampia questa strada, quanto è spatiosa, a conoscere l'Omnipotenza & grandezza di Dio; che vuol dire che'l Candellieri haueua sette rami: non altro che i sette Pianeti che illuminò & formò; il Lume, & il Fattor dell'Vniuerso. Le dodici Tribu d'Israel, per i Pani, & la Mensa, il Vecchio Testamento. Laquale apparecchiò nel Nuouo, il Signore, & non vi fu altro che dodici Pani sopra, conciosia che Giuda ne fu escluso. Et il lume dell'Euangelio venne a illuminare il Mondo con sette doni dello Spirito Santo. Ma io mi sento in questo discorso che io fo sopra le cose di Dio; Mentre dico che io camino per questa

strada, io odo quasi dal Cielo vna intonante voce, vn tuono di fauella, che risonandomi nell'orecchie mi fa tutto rimaner stupefatto, quasi che la mi dica in questa forma di parole.
Come tenti, o huomo imprudente, & animale terreno; come ti persuadi, con si poche forze, sostenere sopra le spalle tue debolissime il Cielo? Era apunto l'Intelligenza mia vscita della gran lettione Euangelica quando l'Angelo annuntiò l'Imperatrice de i Cieli, onde restai sì dal gran misterio che io cercauo

di penetrare, come dalla voce vdita sopra di me, & stato alquanto seguitai il leggere; onde peruenni al gran secreto della Santa Stella che guidaua i MAGI: Quando eccoti vn'altra voce che grida. O estrema arroganza de miseri mortali, credete voi, in cotesta terrena spoglia, & peccatrice conoscer perfettamente quello che ha la sedia sua, non solo sopra la tauola de l'Arca, ma sopra i Cherubini; quello pensate veder uoi con gli occhi corporali che vola sopra le penne de i venti? Oime che voi tentate impossibile vie; non si puo conoscer quello, i giudi- tij del quale sono abissi, egli stà & habita vna luce inaccesibile, & voi posate in terra nelle tenebre; Voi altro non potete che chiamarui abissi di miseria, & chiamare l'abisso di misericordia in uostro soccorso. Non vi comanda gia la legge di Moise, non ui prega già quella dell'Euangelio; che con sottili interpe- trationi humane, o con acuti ragionamenti ricerchiate i Diuini secreti: Ma si bene che con tutto il cuore, con tutta l'anima, & con tutta la mente voi amiate, la Bontà Diuina. Percioche si come il legno non per riceuer lume, ma per accendersi diuenta fuoco; cosi voi non per inuestigare solamente la Diuina luce; ma per infiammarui del Diuino amore; Diuini diuenterete; O infelici & miseri mortali. Sentendo io questo suono di pa- role Diuine ristrinsi gli spiriti in me, et con tutto il cuore prega- uo d'esser fatto degno di saper da qual parte usciua la risonante fauella. All'hora seguendo la celeste uoce mi vdì dire.

Tu se' imagine & similitudine dell'Eterno Dio, tanto piu perfetta, quanto piu efficacemente il tuo esemplare rappresenti. Piu (veramente) lo rappresenti per amore che per dottrina: piu in te riluce la sua effigie amando, che speculando; piu gli piace chi l'ama, che chi lo conosce; & chi lo conosce & ama, non perche lo conosce; ma perche egli l'ama, da lui viene reamato. Non sai tu Pellegrino humano; non sai tu Viandante terre- no che l'ingegno tuo in vano circa le superne cose si rauuolge?

Se il

Se il lume Diuino non si infonde? Et non s'infonde il Diuino splendore, se l'anima alla Diuina mente, come la Luna al Sole non si conuerte. Non si conuerte se prima dal Diuino amore non si accende; Accesa all'hora l'anima del Diuino amore, il Sole Diuino contempla con occhio d'Aquilina uista. Et però rattieni il corso della tua immoderata volontà: Deponi l'alte & inuestigabili speculationi, & non cercare di sapere i secreti diuinissimi della Diuinità. Seguita me, considerami, et alza gli occhi tuoi et riguardami; Io son quella mattutina stella, nel lume della quale tu vedrai, o huomo terreno l'inuisibil lume. Onde io alzato gli occhi uidi una Donna d'un risplendente raggio di sol uestita, & chiamati alcuni Academici eletti, mostrai loro questa Diuina Donna, & a lei mi uoltai con tali parole. O Luce che nelle tenebre risplendi; luce le quali non comprendono le tenebre dell'intelletto mio, se da te non è infuso in me tal lume, che io possi penetrare l'altezza del tuo splendore. Come può l'oscuro & infermo occhio non solamente il Sole, ma le spetie de colori del Sole procedenti da quello vedere? Io aprirò (disse ella) adunque la bocca mia, & non secondo l'incomprensibil mia natura, ma secondo l'humana capacità a spiritual consolatione della peregrina schiera; Di me parlerò non con volgare loquenza, ma dottrina eletta. Intuona ò DIVINA luce nelle nostre orecchie parola grande, parola piena di fortezza, et passaci con essa il core, accioche noi conosciamo che l'e di Dio, che punge piu che qual si uoglia coltello. Si come il figliol di Dio fu mandato dall'Eterno Padre dell'altissimo Monte Sion in questo tempo sacratissimo, che hoggi vo sete vniti insieme; per liberarui dalle tenebre esteriori al seno di Abraham discese; cosi io per comissione dell'uno, & dell'altro

F F

son venuta a trarre delle tenebre interiori la vostra mente, & discendo in compagnia de vostri spiriti che leggeuano la lettione de santi Magi nell'Euangelio, habbiatemi adunque per vnita nel seno de i Re che vennero ad adorare il Diuino Monarca: & si come quelli furono guidati dalla sopranaturale Stella, così voi la sopranaturale mia luce quasi Diuina Tramontana del tempestoso mare, a tranquillo porto finalmente vi conduca. Attendete adunque, disse il Signore, popolo mio alla legge mia: chinate l'orecchie de gl'intelletti vostri pellegrini, alle parole della bocca mia. Io sono sopraceleste fiamma, son fuoco dell'anime vostre, non per natural potenza, non per opera humana, ma sono infuso in voi per inspiratione Diuina. Imperoche si come l'anima è formal vita del corpo, al corpo; così io formal vita dell'anima, all'anima in mediate mi vnisco. Et poi come Celeste Sole illumino l'intelletto, riscaldo la volontà, riuolgo lo spirito vostro all'inspirante Dio. Io sono, virtuosi Peregrini quel fuoco, ilqual purgate con seraphino ardore le mondane bruttezze, il mortale huomo, all'Immortale Monarca congiungo in sempiterno; & con legame che nõ si puo sciorre la vil creatura, al nobil Creatore subitamente vnisco. Io sono, o felici ingegni, nel Cielo doue sta il Trono della Trinità chiamato Spirito, non mai dalla potenza del Padre, non mai dalla sapienza del Figliolo diuiso; ma sono coeterno al Padre; coeterno al figliolo; & con sustantiale all'uno & l'altro. Io sono (o bella schiera) dalle separate menti, Seraphino nominato; perche quella intelligenza primo mio albergo, del Diuino amore abondantissimamente trabocca. Sono dalle Celesti spere, Venere; perche amore in spirito; da gli Elementi, fuoco; perche d'amore accendo; da voi in questa forma che mi vedete, CHA=

RITÀ *chiamata: perche con il mio ardore della gratia, della salute vi fo degni.* La patria mia è il Cielo; il Tempio mio nel mezzo della Diuinità, eternalmente è fondato. In questo Tempio, o se vi poteste con i piedi dell'humano intelletto per= uenire: se poteste peregrini nobilissimi entrare nell'intimo mio sa crario, & la mirabil copia delle mie ricchezze co' vostri occhi discernere, se poteste l'infinito tesoro nel mio Tabernacolo na= scoso possedere; cōprendereste, comprendereste nò; anzi dallo incomprensibile mia natura felicemente sareste compresi: ma nō lo patisce la vostra cecità: non sopporta sì oscura notte l'eccessi= ua mia luce. Et però sì come la luce del Sole nel centro suo è inuisibile: diffusa per l'ambito del Mondo diuenta visibile: cosi la virtù mia nel centro mio, cioè nella Diuinità a voi incogni= ta; nel cerchio delle cose create si conosce & comprende. Per laqual cosa non potendo voi, per diffetto della vostra virtù vi= siua riguardare in me fonte di luce; che come pipistrelli al Sole abbagliereste: considerate almeno lo splendor mio nell'uniuersa= le Macchina del Mondo riuerberante: considerate intelletti pe regrini l'eccellenza & la dignità mia esser tanta, che io sola in= dussi il sommo Architetto & Fattor dell'Vniuerso, alla crea= tione del Mondo, & alla comunione del suo essere, dal quale, come dal pūto le dimensioni, da l'unità i numeri in mediate ogni esser dipende. Et se voi domandaste non solo l'Angelica, ma la humana Natura, chi gli diede l'essere, chi la virtù, chi l'o= peratione, risponderebbe propriamente il Diuino Amore.

Imperoche sì come il Sole con la luce incorporali; col calore coporali cose produce; cosi l'increato per la luce, cioè per l'in= telligenza ab eterno l'exemplar Mondo in se medesimo produs= se; per calore, cioè per l'effetto, il materiale al debito tempo

FF ii

MONDO

creò. Et ogni dì secondo l'ordine suo l'eterne cose senza alcuno instrumento, le temporali con la mano dell'Angelo; col pennello del Cielo di nuouo produce: doue se per intelligenza creato hauesse (intendendo ogni cosa ab eterno) ogni cosa ab eterno fuor di se, come in se medesimo creato haurebbe. In questa creatione considerate eleuati Peregrini, & dotti Spiriti; esser tre spetie di Creature; & sono queste; Angeliche, Celesti, & Elementali. Et di quelle le prime & piu nobili dal sapientissimo Dio Autore dell'Vniuerso (per testificare la mia Eccellenza) a mia similitudine di fuoco esser formate. L'ordine de Seraphini; i quali a mia gloria a lato a Dio in mediate seggono, non è altro che fuoco & incendio d'amore il vero sapere, ne Cherubini rinfondente. Il supremo Cielo nominato da voi Empireo, non è altro che fuoco ardente, ma non che consumi: ilquale essendo ripieno del lume Diuino, essendo sede de beati Spiriti, & ricetto de gli eletti, vi dichiara nessuno a quel salire: se da me non è eletto. La creatura elementale, come da piu ampia & piu perfetta comincia dal fuoco. Il fuoco simbolo del caritatiuo amore sempre ascende; & ogni piccola fiamma se non troua ostacolo, al suo confine, cioè al concauo dell'ultimo Cielo per sua quiete naturalmente vola. Ogni minima scintilla del mio fuoco, se dall'acqua delle terrene cure non è spenta, al fine mio, che è il Cielo Essentiale, per naturale instinto come a sua spera ritorna. Il fuoco elementale, per esprimer quanto può la mia natura, purga ogni materia; assottiglia ogni grossezza. Il fuoco mio sopraceleste purifica in modo gli occhi della vostra mente, che non solo gli presenti, ma i futuri secoli sopra l'humana conditione conoscete. Per significarui questo, nel fuoco prophetò Abraham; nel fuoco Moise; saette acute con carboni di fuoco chiama il Profeta le parole Diuine: lingue di fuoco illuminauano le menti de gli Apostoli, & del Diuino Amore gli accesero. Il fuoco in modo gli altri Elementi supera & auanza che ogni misto quanto ha piu di fuoco, tanto ha piu di forma, piu d'atto, piu di virtù. Contemplate questo nel vostro corpo di quattro Elementi composto; nel quale il cuore membro piu di tutti gli altri nobilissimo; di fuoco essere, & la sua piramidal figura, & il suo continuo moto vi dimostra. Et però la natura ministra del Diuino Artefice come da lui le creature di fuoco inanzi a l'altre sono create, cosi ella a sua imitatione nella concetione del vostro corpo il cuore, prima che alcuno altro membro forma: accioche non solo nello exemplare; non solo nel grande, ma anchora nel picciol mondo appaia manifesto testimonio della mia Eccellenza: accioche intendiate anchora si come la Natura con la sua mano nel corpo il cuore dell'elemental fuoco inanzi a gli altri mortali membri compone; cosi l'increato Creatore con la sua volontà nell'anima il cuor di sopraceleste fuoco inãzi a gli altri spirituali membri infonde. O benignissimo Dio, ilquale tanto diffonde la mia luce, che quella che è in te per causa, è ne gli Angeli per essentia, nell'anime per participatione; ne corpi per figura; Il cuore del corpo è fonte de la vita corporale: Io cuore dell'anima sono fonte della vita spirituale. Dal cuore del corpo procedono tutti gli spiriti vitali; dal cuore dell'anima tutte le virtú viuenti. Il cuore è centro del Corpo: in centro dell'anima; Il centro è punto indiuisibile; nientedimeno tutte le lettere da quello alla circonferentia mosse, complicate in se contiene, et in tutte quasi esplicando s'estende. Io sono indiuisibile vnità; nientedimanco in me exemplarmente tutte le virtù; et me formalmente in tutte le virtù che meritano trouerete. Et come tutte le linee rettamente dalla circonferenza moße toccano il centro; cosi tutte le uirtù rettamente exercitate a me peruengono: in modo che io sono il punto onde si muoue et doue ritorna ogni uirtù. Et se a fauellar di me come di uirtuoso habito si ristringe il ragionamento; Considerate eßer da me la uirtù come dal Sole illustrate le Stelle. Le morali, se col sale della prudenza non sono condite, non sono uirtù. La Prudenza se da me non è formata, in forme, cio è senza debito fine, inuano e virtù. Et però si come nelle speculationi un primo indemostrabile principio, cosi nelle morali un lume da me Diuinamente infuso è neceßario; il quale dia la uita, et nell'Amore della prima vita co suoi raggi accenda. Et benche a ciascuno sia proposto il segno suo; alquale come il sagittario ogni suo atto indirizzi: Niente dimeno se perfetta uirtù è al mio fine, fine ultimo di tutti e fini con intento occhio si riuolge, fanno di questo eßempio le celesti spere: lequali tutto che habbiano loro proprio moto, non di manco secondo il mouimento del primo mobile si muouono: A me adunque cedano le morali; cedonmi le scienze; quanto l'intelletto humano al diuino obietto cede. L'obietto mio è Dio; Dio incircunscritto; Dio immenso, Dio incomprensibile. Alquale l'intelletto comparando non peruiene: remouendo non ascende; abstraendo non aggiunge. Cedonmi anchora le due mie sorelle, quanto la Luna al Sole. Che altro è Fede, se non lume emanente dalla mia luce. Che altro è Speranza, se non splendore de raggi miei nella Fede riuerberanti. E a queste per obietto Iddio: Ma a me tanto piu perfettamente, quanto il bene ch'è il uero & arduo e piu perfetto. Ne crede il uero la Fede; ne spera l'arduo la speranza, se col mio sincero amore nõ amo il bene.

La Fede con argumento non apparente vi moſtra Dio: La Speranza ve lo promette: io non ſolo in patria, ma in via a lui vi congiungo. Teſtimonio n'è Moiſe, il quale da me fu menato in ſul monte a parlare con Dio a faccia a faccia. Teſtimone n'è Helia, il quale da me ſopra l'ardente Carro fu portato alle Stelle. Paolo mi conferma che fu da me rapito inſino al terzo Cielo; Teſtimonio n'è l'Euangeliſta, il quale nel ſeno dell'incarnato verbo guſtò la gloria de Beati. Che piu ſi può dire della mia Eccellenza? Io finalmente l'amante nell'amato, & l'amato nell'amante trasformo. Il primo per che morendo in ſe, uiue nell'amato: Il ſecondo perche riconoſcendoſi l'Amato nell'Amante; nell'Amante ama ſe medeſimo: Doue amando ſe ama l'Amante già in amato conuertito. Queſta forza amatoria quanto è piu uolontaria, tanto è piu potente: quanto è piu potente, tanto è piu perfetta. Da queſta perfettione l'anima informata nel lume della gratia con infinita virtù riformo; riformata nel lume della gloria con ſepiterna ſtabilità al Re di gloria conformo: conformata, nel lume della Diuinità con ſeraphica traſmutatione in Dio trasformò. O felice quell'anima, o beata quella mente; laquale dal mio Diuino ardore acceſa, in Dio Diuinamente ſi conuerte. O preclara virtù, la mia virtù o Peregrini Theologi, perche dallo Spirito Santo natura all'anima ſuperiore è cauſata, & di quello participa; tanto piu degna che l'anima eſſere ſi proua quanto la luce che'l Diaphano è traſparente corpo. O ſtupenda virtù, o mirabil potentia. Meritamente adunque della mia infinita luce ſi canta nella ſuperna Patria, & con incredibile dolcezza tra le Angeliche Gierarchie queſta voce riſuona. O Sole ſopraceleſte, o Sole eterno, rappreſentato al Mondo dal Celeſte

Sole. Il Sole Celeste è creatura da Dio creata. Tu Sole sopraceleste essentia creata: quello è forma delle corporee creature, tu forma delle incorporee. Quello illustra le Stelle fisse; tu gli immobili Angeli: quello illumina gli erranti Pianeti; tu le mobili anime: quello da la vita all'huomo esteriore; tu all'interiore. Cieca rimane la potentia visiua sanza il lume del Celeste Sole. In tenebre si rauolge la potentia intellettiua, priuata del tuo splendore. Per gl'influssi di quello la terra produce odoriferi fiori, & suauissimi frutti: per gli ardenti raggi tuoi la volontà, honestissimi atti & costantissimi habiti. Quello finalmente dissipa ogni oscurità di nebbia: tu dissolui ogni nuuolo di peccato. O Sole ardente, o Sole Diuino; tu sei sollecitudine de gli Angeli; dottrina de gli Arcangioli: & reggimento de Principati. Tu sei delle Potestà fortezza, delle virtù potentia: & delle Dominationi riposo. Tu dai giustitia a Troni; la luce a Cherubini, e a Seraphini l'incendio. Tu dal Padre & dal Figliolo ab eterno egualmente spirato: Il Padre, & il Figliuolo ab eterno egualmente nel tuo amore vnisci. Tu con l'vno e con l'altro eternamente unito sei ineffabil legame; se mirabil complesso; il quale il visibile, & l'inuisibile mondo annodi & abbracci. Per te e il Verbo Humanato; l'Huomo deificato, il peccatore saluato. O Sole infinito; o infinita luce, con la quale, luce ogni luce. Tu sei l'Essentia sopra l'Essentia; dalla quale è ogni essentia. Tu se la Vita sopra la Vita: per la quale viue ogni vita. Tu sei il bene sopra il bene; alquale opera ogni bene. Ma che bisogna dimorare in Cielo? Che bisogna produrre Angelici canti? Che si lontani testimoni? Quando uoi Peregrini fate pienissima fede della mia bontà; O fedeli Peregrini; Fedeli in quanto

da me

da me riconoscete ogni bontà. Dimandate le vostre leggi; dimandate voi medesimi, da chi riceueste i vostri beni; Risponderà vna voce vniuersale del mondo, da te ò infinita CARITA, da te tutti i beni come dall'Oceano tutti i fiumi deriuano; & a te tutti i beni come all'Oceano tutti i fiumi ritornano. Chi monda il campo della vostra coscienza, de tutti i semi non legittimi, & cattiui che impediscano la maturità della ricolta? Tu ò CARITA. Chi secca le fronde? chi del peccato taglia i rami? Tu ò CARITA. Chi sueglie insino delle viscere dell'anima vostra ogni radice di malitia? Chi ogni pianta de iniquità sbarba? Tu ò CARITA. Io adunque ardo le siepe, & ogni sterile & dannosa pianta spengo. Io dipoi nel seno della già purgata coscienza getto il seme de gli honesti desideri; il quale dal ragioneuol caldo del Diuino amore aiutato prima herba verdeggiante produce di incominciata virtù. Dipoi da l'ottime operationi è retto et consolidato, lieta et già in creata spiga dimostra: la quale finalmente d'exuberante frutto grauida & matura copiosissimo prouento rende di spiritual grano. Di qui la fede non solo miracolosamente; ma anchora felicemente trasporta i monti di terra in mare. Di qui la Speranza a quello spirito di Stefano eleuato apre il Cielo: Di qui la Giustitia nauigando per il fiume Giordano del fallace mondo, acquista legitimo triompho dell'Vniuerso. La fortezza sicura passa per il diserto pauroso delle tentationi, et de tormenti. La temperanza espugna la confusibil terra di Gierico, che altro non vuol dire che la ribellante carne. Di qui la Prudenza non cura le cose terrene, & dalle mie inuitte armi circondata, scaccia il timore della notte della auersità: si ripara della saetta del giorno della Prosperità: non teme l'insidie del Demo-

G G

nio a mezzo giorno; anzi caminando sopra l'Aspido, sopra il Basilisco; calca ogni Lione, ogni Serpente, & uince ogni Mostro. Cosi vittoriosa poi si torna al Diuino padiglione. Et se voi dimandaste Abraham; Chi gli fece fra le genti risiutare Principato; Moise la signoria del popolo, & Geremia segno di Prophetia: risponderebbono tutti, la magnanima CARITA: la quale sprezzate le humane pompe nel Diuino specchio la diuina gloria diuinamente contempla. O Isach chi ti dispose a tanta patienza? Colei che dispose (risponde egli) mio padre a tanta obedienza. Chi fece Abello innocente; humile Dauitte; Giusto Noe; Moise mansueto; Chi diede tanta prudenza a Giosuè; Tanta benignità a Iacobbe; a Ioseph tanta costanza; se non io; O Pellegrini Christiani, si come la luce per i diuersi subietti, diuersi colori produce: cosi per le varie qualità, varie virtu partorisco. Et se alcuno senza me di tutte l'altre virtù ripieno esser potesse: ne a Dio piacerebbe: perche io sono quel sale, senza il quale non vuole da Moise sacrificio alcuno. Ne a se giouerebbe; perche io solo tutte le virtu a l'ultimo sopranatural fine ultimamente dirizzo. Che giouarono a Caino le Diuine parole; Che a Giuda i miracoli; Che alle cinque Vergini la castità; le quali per non esser della mia veste ornate, furono cacciate dalle Nozze Diuine. Quanti sotto Moise; Quanti sotto Dauitte, & quanti sotto Giuda Maccabeo virilmente combattendo, prigioni dell'Infernal Pharaone miseramente morirono. Quanti con la Naue della Fede: col timone della Speranza nel turbulento mare de l'Humana vita nauigando, per mancamento del mio Nocchiere; cio è del Diuino amore; dopo non picciola perdita de gli non nati semi delle virtu; finalmente patiscano miserabil naufragio. Et quella

MASSIMO.

tanto nel supremo Regno osseruata; nella mondana Republica celebrata, et nell'infernal tirannide temuta virtù; quella la quale perche sola crea, conserua, & illustra le Città, Sole dalla uoce di Dio è nominata. Quella preclarissima Giustitia, che la celeste, & la terrena patria giustamente gouerna; non è altro sanza me, che Sole senza la luce. Sole non per alcuna interpositione che s'oscuri; ma per priuatione della mia luce oscurato. O pellegrini giusti, anzi ingiusti, se senza me siate giusti: Seguite me, se volete esser giusti. O stolti & miseri mortali! vuole viuere senza Anima, chi senza me vuole bene viuere. Vuol far bene senza ragione, chi senza me vuol ben fare. Che dirò io delle speculationi; che, de gli atti dello Intelletto. O ciechi et notturni animali; che vedete voi sanza il lume mio; Parui comprendere il Sole; Oime che apena l'Ombra del Sole scorgete. O Balaamo, o Caipha, che ui giouò la Profetia; i quali perche non prophetaste nel mio fuoco, fuste priuati della mia mirabil vocatione. Furono Theologi gli scribi de Giudei; saui, Farisei: Ma chi fu piu sauio che l'antico Serpente; Nientedimeno lasciata la diuisa del suo Signore fu dal suo Signor diuiso. O Philosophi, & che è la vostra scienza senza me; & che sono i vostri sogni; non sono altro che espressa imagine di superbia, & espressissima vanità. Tanto uale il vostro ingegno sanza il mio calore; quanto il lume della Luna senza il caldo del Sole. Le contemplatici Donne Rachel, & Maria; se da me guidate non fussero, dalla suprema speculatione con disordinato caso ruinerebbono ne profondi abissi: Ma da me amaestrate con l'ordinata scala di Iacob salgono alla spera dell'Increato Sole; el quale come in lucidissimo specchio ogni verità essentialmente riluce. O Philosophi, o Academici

GG ii

Peregrini; Adunque se uolete entrare nel sacratissimo tempio della Diuinità; Aprite la porta, non quella dell'Intelletto: per la quale Dio all'anima discenda. Ma la porta della uolontà; per la quale l'Anima a Dio ascenda. Per questa porta entrate con l'accesa fiamma, & uedrete l'Inuisibil Mondo (non l'Imaginato, o'l Misto,) & conoscerete le cose incredibili & vere: non le Risibili & Pazze. O Theologi Peregrini, se volete con la vostra Naue solcare il profondo Pelago del mio sacramento: (& non cercare corporalmente salire al Cielo carichi della spoglia peccatrice) amate, amate, amate Iddio: amando lo conoscerete; conoscendo il possederete; possedendo il fruirete. O mortali, o miseri mortali, se volete liberarui della Babillonica seruitù; amando seruite a Dio; il quale per farui liberi; hoggi della morte s'è fatto seruo. Seruite a colui, al quale chi piu serue, piu è libero. Se uolete fuggire l'eterna morte; amate Dio, che vi ama: il quale infino alla morte amando vi chiama all'eterna vita: VITA solo promessa a chi bene amando viue; Bene amando viue, chi solo Dio amando viue. Et che cosa muoue il vostro amore che nel uostro CREATORE immensa non si troui? Se ui moue l'vtilità, quale è maggiore che quella che ui promette Dio? Thesoro infinito; infinito guadagno? O inconsiderati Amanti dell'vtilità; come amando amate altro che Dio: senza il quale non è vtilità. Se diletto ad amar ui muoue: ecco il diletto, fontana d'ogni diletto: Ecco la prima uerità, piacere dell'Intelletto; sommo amore, & d'ogni uolontà riposo: Vera bontà, & quiete della mente. Se amate l'Honestà, amate Dio essential fonte d'honestà; vnico exemplar di virtù; vnica forma di tutti i beni. Amate adunque, ò figliuoli di Adamo; figliuoli in Christo regenerati, amate Dio, & da lui come Iacob col pie sinistro infermo; col destro sano vi conferite. Il piede sinistro vi guida a le cose terrene: il quale quanto è piu infermo, tanto è piu sano il destro, con il quale si peruiene a le Diuine. Il sinistro è quell'Amore, che l'Anima al corpo congiunge. Il destro è quello che l'anima dal corpo disgiunge. Il sinistro nelle miserande miserie dell'infelice Egitto. Il destro nella terra di promissione terra felice, terra tanto desiderata vi conduce. Il sinistro dilata l'infernal Babillonia: il destro accresce la Celeste Gierusalem. Con Iacob adunque entrate nel fiume ardentissimo del Diuino amore; il veloce corso del quale rallegra la Città di Dio. Lauateui in quelle acque; in quelle acque, che sono sopra i Cieli; le quali in modo l'anima vostra purgano, che dimenticata sè; Dio piu che sè ama. Purgati adunque dalle supercelesti acque, amate Dio piu che voi medesimi: perche da lui sete, & non da uoi medesimi; Perche egli è tanto piu in voi che voi medesimi, quanto alla vostra conseruatione è piu potente che uoi medesimi: Perche egli è tutto il bene; et voi minima particella del suo bene. Perche egli è essential bene: voi participante bene. Chi non ama Dio piu che se, non ama il vero bene piu che l'ombra del bene. Chi ama se quanto Dio, ama la parte quanto il tutto; l'effetto quanto la causa; l'ombra quanto l'essentia. Chi ama se piu che Dio, ha in odio sè: perche nuoce a sè & non a Dio. Onde il primo Angelo come piu sè che Dio amò; perduta la gratia, in se miseramente rimase. Et il primo huomo gli occhi dal Creatore a la creatura conuertì; perdè la vera imagine del creatore. Et però amate Dio Peregrini diuoti, amatelo con tutto il cuore sanza mezzo alcuno. La misura del Diuino amore sia senza misura. Se volete esser sa=

tij del triompho della Diuina gloria felicemente ; fate che l'amor vostro in uerso l'Imperator Celeste sia insatiabile. Il bene Terreno chi piu lo desidera, meno lo possiede; il bene Diuino quanto piu lo desideri, piu lo possiedi; quanto piu lo desideri, tanto se piu beato. Se desiderate adunque Peregrini Christiani, che per questo maligno mondo Peregrinate: veramente esser beati, veramente amate Dio, solo della vera beatitudine autore. Et se veramente lo volete amare, lui solo amate. Disponete la vostra mente a Dio, come l'occhio al Sole. L'occhio non solamente inanzi all'altre cose lume apetisce; ma solamente lume. Cosi voi non solo inanzi a gli altri Dio; ma solo Dio amate. & si come conuertendo gli occhi al Sole, l'aria ui si rappresenta, cosi nella contemplatione del Creatore la creatura u'occorre. Et però amate il Creatore per se medesimo; la cratura per il Creatore. Se amate i corpi, se l'amine, se gli Angeli; non quelli; ma Dio in quelli amate. Amate ne corpi l'ombra di Dio; nell'anime la similitudine di Dio, ne gli Angeli l'essempio di Dio, accio che amando al presente in ogni creatura Dio, in Dio finalmente ogni creatura amiate. Hora adunque Peregrini eletti & Academici virtuosi, venite con la mia luce, si come andarono i Re seguendo l'Orientale stella al Re, Re di tutti i Re: Venite meco o figliuoli di Dio, al Cielo, (non finto per poesie, o cose astratte) ma il vero Cielo. Doue Fede, Speranza, Carità & vero Amore, vi conduce; tanto piu in Cielo che in terra perfetto; quanto piu il fuoco ne la spera sua che nella terra; anzi quanto piu il Cielo che la terra è perfetto. Amore tanto piu nel centro dell'intelligibile che nel sensibil mondo è ardente & acceso; quanto piu i raggi del Sole nel centro del concauo specchio raccolti che per l'vni=

MASSIMO. 120

uerso sparsi; ardono & accendono. Per la qual cosa, o creature terrene anzi Celesti; celesti, se nel celeste amore il celeste amante che ama voi, riamate: O menti Humane, anzi Diuine se del Diuino amore u'inamorate; Volate homai volate con le Seraphice ale, (facendo sacrifitio del uostro ardente core ferito d'amore Diuino, & coronato della corona della salute del mondo) a la spera del Sole ardente. Volate con Aquiline penne al nido dell'immortal Pellicano: il quale del sangue suo; cio è del suo amore pascendoui, vi darà sempiterna vita; vita delle vite; vita vera dell'anime viuenti. Fate Calice del corpo vostro, & Hostia dell'Anima, & sacrificateui tutti a Dio, egli vi chiama, vdite la voce; V E N I T E, ò Felice voce; V E N I T E, ò certa promessa: V E N I T E benedetti Peregrini, benedetti dal Padre vostro, a possedere il Regno che u'è apparecchiato fino da principio del mondo. Non al Regno di Saturno, di Gioue, di Marte, o altri regni bugiardi: Venite al vostro Regno, a l'Imperio, cio è luminoso Cielo, nel quale, a qualunque seguirà il mio stendardo, è ab eterno deputato felicissimo luogo. Venite meco tutti o infiammati del Diuino amore. Entrate dentro à le infocate porte della Celeste Gerusalem: doue non piu sotto velame, non piu per ispecchio abacinato, ma a faccia vedrete il sommo, anzi il solo bene; Bene infinito; fonte di tutti i beni. Entrate tutti con l'accesa fiamma, & con la veste da nozze al Celeste Conuito; doue insieme có gli Angelici Chori ripieni d'Ambrosia vera, & Nettare. cio è cognitione & fruitione Diuina, in sempiterno beati viuere.

LA TAVOLA
SOPRA IL PRIMO LIBRO
DE I MONDI DEL DONI.

MONDO PICCOLO.

DISTINTIONE fatta nel discorso a i Lettori, di quante sorte sogni si ritrouano, reuelationi, secreti, misterij, ascosti & palesi, con altre inuentioni trouate da molti huomini per comporre, libri, opere, et mostrar l'intelletto loro. *a car. 2. 3. et. 4.*

Se per modo alcuno si può sapere la strada, o se ci è la via da salire da questo mondo, sopra i Cieli, in quanti modi vi son saliti gli huomini, hor con fintioni, hor con fauole, et hor da douero. Quello che sia l'huomo, in quanti modi sia stato chiamato, si da i dottori sapienti, come da i Greci letterati et dal vulgo, de i Cieli, de i pianeti, dell'anima et del corpo.

Comparationi del corpo nostro a tutta la fabrica del mondo et come per i paragoni del nostro piccol mondo, si ascende alle superne intelligenze delle Angeliche Gierarchie, et ordini Angelici, et come non c'è se non una uera uia a salire al Cielo. *a car. 5. 6. et. 7.*

Duo Academici; cioè dell'Academia Peregrina di Vinegia vno, et de i Vignaiuoli, di Roma vn'altro, fanno molti ragionamenti, et in vna naue, si viene a narrare, molte stupende cose, de i Cieli, de gli elementi, della terra, della cosmographia, della Astrologia, con inuentioni rare di nomi, cognomi, supliche alli Dei, riuelationi a gli huomini; il modo che tennero a salire sopra le nube alcuni Academici, con vna nouella vera d'vno Astrologo accaduta in certo tempo che s'aspettaua in Roma vn nuouo diluuio a proposito del ragionaméto che faceuano. a ca. 8. 9. 10. 11. e. 12.
Cacciati alcuni imbasciadori del Cielo doue erano saliti, accadè vna disputa sopra certi nomi bizarri, doue i pedāti dettono in iscartato, et Priapo de gl'Hortolani padrone, colpisce in ogni atto, et fatto, di ciò che bisogna a tanta intelligenza. a car. 13. 14. et. 15.

Come si figura il tempo, nuouamente trouato; che maestà, che età, che stato, che potenza, quanti sono i serui suoi, et che potestà egli habbia con esso noi mortali. a car. 16.

Fortuna di mare grandissima, doue la Naue de Peregrini, s'affondò et quel che accadè. a car. 17.

Dialogo, fra lo Sbandito, et il Dubbioso Academici, sopra l'huomo delle varie materie che noi facciamo, cō dispute di natura, accidenti, di humori, bizzarie, strauaganze, materie, stoltitie, et sauiezze. a ca. 20. 21. et. 22.

Comparationi del Picciolo al Gran mondo, del Mare, della terra, delle veni, de fiumi, dell'età, del terremoto, del tuono,

della saetta, della lingua, della pioggia, del furore, &
de i pianeti.   a car. 23. 124.

Paragone fatto dell'huomo alla cosmographia dell'Europa, con la similitudine della Natura delle nationi, Spagnoli, Francesi, Italiani, Todeschi, del capo, del petto, delle braccia, dell'elleger l'Imperio, et della prudenza, virtù, autorità, & grandezza di ciascuna natione. Et altre nuoue cose, & trouati.   a car. 25. 26. 27. et. 28.

MONDO GRANDE.

Opinioni diuerse, di diuersi Filosophi, circa l'esserci piu, o manco mondi, come, & di che sian composti. ca. 30. 31. 32.

Ragionamento dello Suegliato, & del Seluaggio Academici, sopra la Statua di Daniello, doue si intende nuoue spositioni, non piu dette sopra quella. a car. 33. 34. et. 35.

Ragionamento secondo, dello Suegliato, & del Seluaggio, di tutte le leggi di questo mondo, come furon fatte, perche, come s'vsarono, qual son le buone, qual le cattiue, chi le trouò, chi l'osseruò, con vn caso spauentoso, & crudele, accaduto, non piu letto ne veduto scritto. Et la Risolutione della miglior Legge.   a car. 36. 37. 38. et. 39.

MONDO IMAGINATO.

Opinione che hebbe Gioue, (dopo che Deucalione, & Pirra hebbero fatto di sassi gli huomini) per voler riforma re il mondo, doue insieme con Momo, e vuol far tornare al mondo le buone anime, & quali son coloro, che non vogliano venirci, & quali desiderino, stare in questo mondo cosi si fa l'examina sopra molti, & molte professioni. a car. 42. 43. 44. et. 45.

Momo chiama tutti i Dottori, & discorre sopra la medicina, & con riuerenza, & senza riuerenza tocca lor la mano. a car. 46. 47. et. 48.

Il Leggiadro, & il Peregrino Academici, sotto velame, et ascosto misterio, ragionano delle reuolutioni del mondo, & dell'esser molto fallaci gli stati humani, & di nuoua riformatione de gli huomini si ragiona. car. 50. 51.

Gioue manda l'anime ne i corpi, per sorte. Et fa venire al mondo Momo a cambiare tutte tutte le cose, accioche ciascun credendo pigliarne vna, non ne pigli vn'altra. a car. 52. 53.

Ragionamento primo di Gioue, & Momo ritornato in Cielo. a car. 54. 55.

Ragionamento secondo di Gioue & Momo, che corpi haueuano presi quell'anime mandate per Sorte, & che effetti le faceuano. & quale stato piacque piu a Momo essendo in terra. a car. 56. 57. 58. et. 59.

MONDO MISTO.

Momo ragiona con infinite anime, & le vuol fare ritornare

in terra, & quà discorre, con molta sapienza & dottrina, con ogni sorte di scienza, et con ogni qualità di persone, loda, biasima, honora, vitupera, & vltimamente vedendo Gioue che s'era dormentato gli fa una grande esclamatione; suplica, et lamento a. car. 61. 62. 63. 64. 65. 66. 67. 68. et. 69.

MONDO RISIBILE.

Il Cortese, & il Dolce Academici, discorrano sopra gli stati humani sopra gli effetti de gli huomini. a car. 71. 72. 73. 74. 75. 76.

Come tutte le cose del Mondo sono vn Mulino, che ciascuno huomo lo gira, & rigira continuamente, tanto che gli manca l'acqua, et rimane in secco. a car. 77. 78. et. 79.

Disputa nel secondo ragionamento, di cose diuerse con alcune opinioni d'anima, et di spirito, con alcune arti, et essercitij che faceuano, certi Re antichi, non tanto da ridersene, quanto da faesene beffe. a car. 80. 81. et. 82.

Varie cose nuoue, vari accidenti; nuoui casi, nuoue Historie, & uecchie, & nuoue bugie, et trouati. a car. 83.

Momo, Gioue, et Dolce, et Cortese. Discorrono sopra infinite cose da ridere, che gli huomini fanno al Mondo. a car. 84. 85. 86. 87. et. 88.

MONDO DE' PAZZI.

Discorso buono, fatto a i Lettori, dal Sauio Academico. a car. 90. 91.

Il Sauio, & il Pazzo, formano vn Nuouo Mondo, fabrica, habito, legge, gouerno, et vita. a car. 94. 95. 96. 97. 98. et. 99.

Degli Spiriti d'Aere, d'Acqua, di Terra, et di Fuoco, et di altri spiriti buoni, et cattiui, molte operationi fatte da gli spiriti buone et cattiue, insogno, in visione, et a a occhi veggenti, et si intende cose non piu dette et fatte da gli spiriti, et come ogni cosa ha spirito in se, che opera, secondo l'opinione del Mondo Pazzo, et Sauio, per autorità, et per essempio, ogni cosa si dimostra. carte. 100. 101. 102. 103. 104. et. 105.

MONDO MASSIMO.

Il Tardo, a i Lettori, vtile amaestramento. a car. 107

Discorso, di Theologia, Philosophia, et di tutte le scienze, con modo, ordine, misura, termine, sapienza, scienza, arte et spirito, fatto per mostrare all'huomo la via da salire al cielo, et di conoscer se medesimo et Iddio, et amare il prossimo, et Iddio: doue fauella la Carità.

IL FINE.

Della Tauola del primo libro de i Mondi del Doni.
Academico Peregrino.

REGISTRO

ABCDEFGHIKLMNOPQRSTVXYZ,
AA BB CC DD EE FF GG HH.

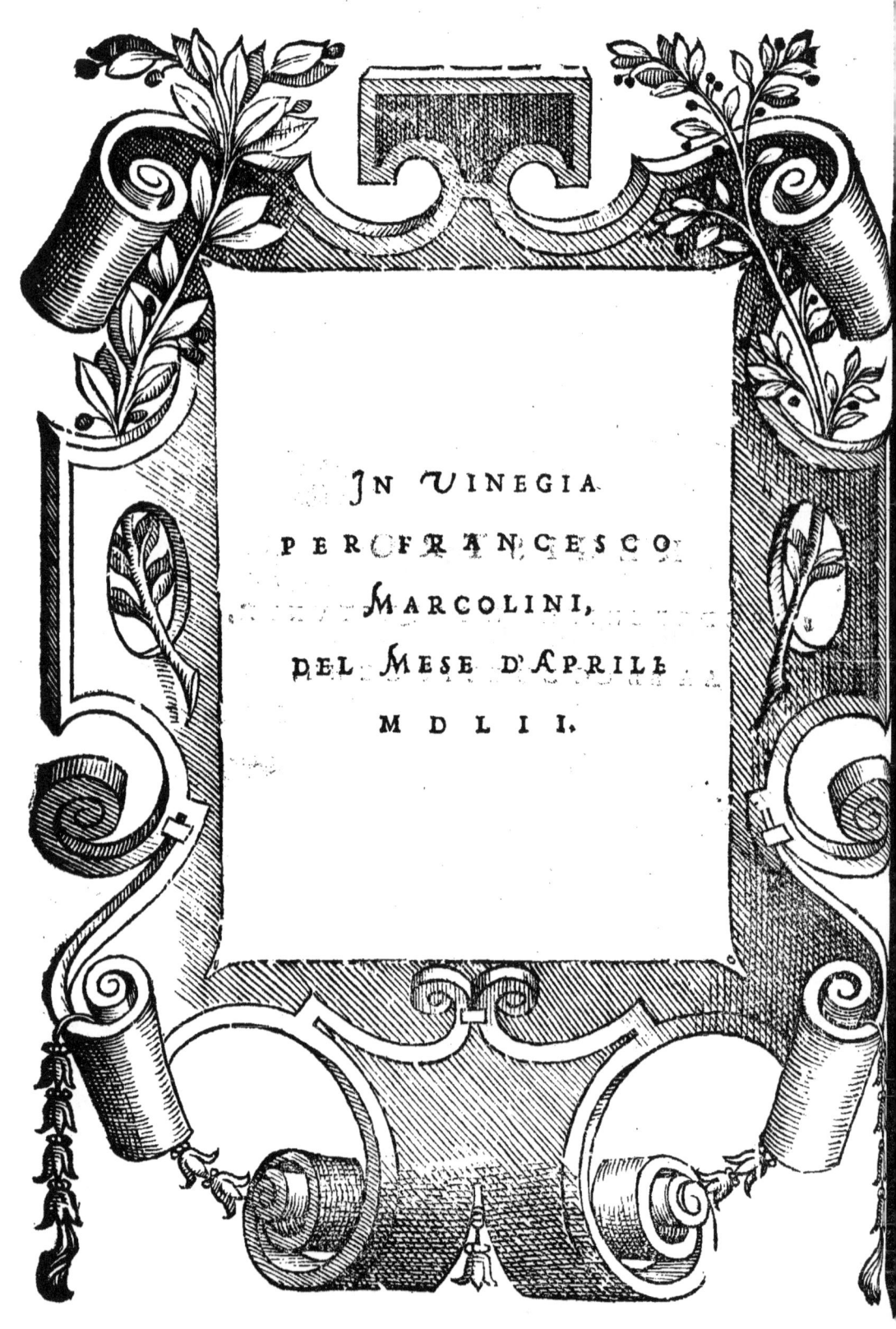

IN VINEGIA
PER FRANCESCO
MARCOLINI,
DEL MESE D'APRILE
MDLII.

www.ingramcontent.com/pod-product-compliance
Lightning Source LLC
Chambersburg PA
CBHW070640170426
43200CB00010B/2082